KB134255

제 2 판 개정증보판

잃어버린 영양소

저자 | 스티브 뉴전트 박사
감수 | 이철원 의학박사

The Missing Nutrients

잃어버린 영양소

저자 · 스티브 뉴전트 박사
감수 · 이철원 의학박사
1판 1쇄 인쇄일 · 2006년 9월 11일
2판 4쇄 발행일 · 2020년6월 10일
펴낸곳 · 도서출판 용안미디어
펴낸이 . 송동수
주소 · 서울시 마포구 망원동 472-19
전화 · 010-6363-1110
FAX · 02-6442-7442
등록 · 제313-2006-000273호
가격 · 5,500원

ISBN 89-86151-80-4
※ 잘못된 책은 바꿔 드립니다.

목차

잃어버린 영양소

도입

　"잃어버린 영양소" 2판은 초판의 내용에 다양한 정보와 시각적 자료를 추가하여 개정 보완한 것입니다. 이 책은 현대인의 식단에서 결핍된 영양소에 대해 알아보고 우리가 먹는 음식에 대한 달갑지 않은 진실과 함께 멋진 정보를 소개하기 위한 것입니다. 이 책을 통해 우리가 먹는 음식이 얼마나 충격적이며, 특정 영양소들이 건강에 얼마나 중요한 역할을 하는가를 알게될 것입니다.

　이 책은 주로 영양학 분야에서 가장 최근에 발견된 가장 중요한 영양소인 당영양소에 대해 소개하기 위한 것입니다. 당영양소에 대해 구체적으로 소개하기에 앞서 먼저 음식, 보조식품, 농산물의 경작 방법, 우리가 먹고 있는 음식의 영양학적 가치, 유기농 식품에 대한 진실, 보조식품 산업의 품질관리 방법에 대해 소개하고자 합니다. 당영양소에 대해 언급하기 전에 먼저 이러한 내용을 소개하고자 하는 필자의 의도를 이해해주기 바랍니다.

　우리가 만들어낸 산화적 스트레스에 대해 충분한 대응책을 제공하지 않는 한, 환경적 위험을 신체가 스스로 감당할 수 없는 시대와 장소에 살고 있습니다. 우리가 가지고 있는 멋진 유기체인 신체는 유독물질이 가득차 있는 곳이 아닌 오염되지 않은 순수한 환경에서 살도록 설계되어 있습니다. 또한 우리의 신체는 신선한 천연 식품과 영양이 풍부한 토양에서 성장한 식품으로부터 건강한 삶에 필요한 영양소를 얻도록 설계되어 있습니다.

　만일 우리가 순수한 환경에 살고 있고 신선한 천연 식품으로부터 우리가 필요로 하는 모든 영양소를 얻을 수 있다면 우리 신체는 스스로를 보호해주고, 치유해주며 재생시켜줄 수 있습니다. 이렇게 되면 우리는 질병으로부터 해방된 삶을 살 수 있고 이 책은 무의미한 휴지조각이 될 것입니다.

하지만 불행스럽게도 우리는 에덴의 동산에 사는 것이 아니라 인류역사상 그 어느 때보다 오염이 심각한 세계에 살고 있으며, 음식으로부터 얻을 수 있는 영양소가 과거 어느 때보다 적은 시대에 살고 있습니다. 오직 우매하고 무지한 사람들만이 보조식품이 필요없다고 믿을 뿐입니다. 우리가 이러한 사실을 좀더 잘 이해하면 21세기에는 최적의 건강을 유지하기 위해 보조식품은 더 이상 사치가 아니라 필수품이라는 것을 깨닫게 될 것입니다.

토양은 더 이상 과거의 토양이 아닙니다!

　먼저 토양의 영양 고갈 문제에 대해 말씀드리겠습니다. 토양의 황폐화에는 여러가지 이유가 있지만 주로 기업화된 경작 방법에 기인한 것입니다. 수천년동안의 경험을 통해 농부들은 토양이 쓸모없는 황무지가 되는 것을 막기 위해서는 휴경재배가 필수적이라는 사실을 알았습니다. 하지만 현대에 들어서면서 기업농들이 탄생하였으며, 이들은 수익의 증대라는 이름으로 토양의 보존 노력을 제대로 수행하지 않고, 오직 생산량만을 늘리는데 도움이 되는 세가지 요소(질소, 인, 칼륨, 그리고 간혹 칼슘)를 추가할 뿐입니다. 이러한 경작 방법은 칼로리, 수분이 풍부한 식물을 수확하도록 해주지만 우리가 필요로 하는 완전한 영양소는 결핍되는 현상을 초래합니다. 현대식 경작 방법은 불과 60년도 안되는 역사를 가지고 있지만 토양의 황폐화는 갈수록 심화되고 있습니다. 신선한 식품을 먹는 것도 중요하지만, 토양에 영양소가 없다면 우리가 먹는 식물에도 영양분이 존재할 수 없는 것입니다.

　우리가 가지고 있는 문제는 불행하게도 건강을 위해 신체가 필요로 하는 것보다 훨씬 적은 영양소를 함유하고 있는 토양에서 자란 식품을 너무나 많이 섭취하고 있다는 것입니다.[1,2] 사람들은 "과연 어떻게 그런 일이 일어날 수 있을까" 라고 의아해할지 모릅니다. 하지만 그 답은 간단합니다. 식물이 자라는데는 질소, 인, 칼륨만 있으면 되지만 우리가 건강을 회복하고 유지하는데는 지금 말한 세 가지보다 훨씬 많은 영양소가 필요하기 때문입니다. 현재 우리가 먹는 식품에는 미량영양소가 부족하거나 결핍되어 있으며, 앞으로도 상당기간 동안 이러한 문제가 해결될 것 같지 않습니다. 이러한 미량영양소는 밀리그램이 아니라 마이크로그램 수준으로 필요하지만 중요한 것은 그나마도 '부족' 하다는 것입니다.

심장질환은 현대인의 사망 원인 중 1,2위를 차지하고 있기 때문에 무엇보다 먼저 심장 건강에 중요한 미량 영양소에 대해 소개해드리겠습니다. 셀레늄은 건강한 심장 기능에 매우 중요한 영양소입니다. 의사를 포함한 대부분의 사람들은 비타민 E와 칼륨, 칼슘, 마그네슘 및 나트륨과 같은 미네랄의 중요성에 대해서는 잘 알고 있습니다. 하지만 비타민 E의 상승제 또는 보조제 역할을 하는 셀레늄이 없다면 소용이 없다는 것은 잘 알지 못하는 것 같습니다.[1,3,4]

미국의 경우 토양에 셀레늄이 고갈되어 있어 보조식품을 통한 섭취가 필수적입니다. 하지만 이러한 현상은 미국에만 국한되지 않고 영국과 유럽 여러 지역에서도 보고되고 있습니다. 오직 호주와 뉴질랜드만이 토양에 적절한 양의 셀레늄이 포함되어 있는 것으로 보고되고 있지만 이것도 일부 지역에서만 해당됩니다. 그리고 셀레늄이 있는 토양에서조차 그 양이 충분하지 않은 경우가 많습니다. 휴경재배를 실시하지 않은 기간이 오래될수록 토양에는 영양분이 그만큼 줄어듭니다. 그러한 점에서 유럽과 미국이 뉴질랜드나 호주보다 더 상황이 안좋지만 궁극적으로 모든 지역에서 토양에 존재하는 영양분이 고갈되게 될 것입니다. 오직 예외가 있다면 그것은 화산 지역에 있는 농장이나 주기적인 홍수로 인해 생기는 범람원 뿐입니다.

미네랄의 중요성

전문가들이나 자료에 따라 다소 상이하지만 우리 인간은 매일 42~78가지의 대량미네랄과 미량미네랄을 섭취해야 하며, 그러기 위해서는 우리가 먹는 농작물이 경작되는 토양에 질소, 인, 칼륨 이외에도 여러가지 미네랄을 공급해주어야 합니다. 그렇게 함으로써 식품이 체내에 제대로 흡수될 수 있는 것입니다. 미네랄은 필수영양소 중의 하나이지만 그 중요성이 간과되거나 과소평가되는 경향이 있습니다. 따라서 건강을 위해서는 미네랄에 대해 좀더 많은 관심을 기울여야 합니다.

건강하게 성장한 식물은 토양으로부터 다양한 미네랄을 흡수하며 식물의 수액에 있는 당영양소와 결합합니다. 따라서 이들 식물을 섭취하면 생체이용률이 높은 미네랄을 섭취하는 셈입니다. 반면에 휴경재배나 토양에 영양을 보충하는 노력이 없다면 우리의 토양은 영양분이 고갈되어 결국 생명을 잃게 되는 것입니다. 이 문제에 대해서는 뒤에서 다시 언급하겠습니다.

1936년에 간행된 미(美)상원의회자료(문서 제264호)에 따르면 "현재 수백만 에이커(1에이커=1,224평)에서 경작하고 있는 음식(과일, 야채 및 곡물)이 더 이상 충분한 양의 미네랄을 함유하고 있지 않아서 우리를 '기아 아닌 기아'로 몰아 넣고 있다. 따라서 현대인들은 제 아무리 많은 음식을 먹어도 완벽한 건강을 위해 필요한 양의 미네랄을 섭취할 수 없는 결과를 초래하고 있다. 미네랄을 충분히 섭취하기 위해서는 이들을 함유한 과일과 야채를 충분히 섭취해야 하며, 그러기 위해서는 엄청난 양의 음식을 먹어야 하지만 그러기에는 우리의 위가 충분히 크지 않다는데 문제가 있다. 이렇듯 우리가 섭취하는 음식의 영양학적 가치가 과거와는 다르며, 그 중 일부는 음식으로서의 가치가 전혀 없는 것으로 파악되고 있다."[5]

토양의 영양 결핍은 물론 그러한 토양에서 자라는 식물에 미네랄이 결핍됨으로써 생기는 문제가 전세계에 걸쳐 점차 심각해지고 있습니다. 그러나 이러한 문제를 구체적으로 파헤치려는 사람은 거의 없습니다. 따라서 이 문제에 대해 우리가 알고자 하는 충분한 자료를 얻는 것도 쉽지 않습니다. 그러나 인내심을 가지고 살펴보면 현재의 토양과 그러한 토양에서 자란 식물에 대한 영양 정보가 매우 혼란스럽다는 사실을 접하게 될 것입니다. 그러나 이 책은 그러한 주제에 초점을 맞춘 것이 아니어서 토양의 영양분 고갈에 대해서 간단히 언급하겠습니다. 하지만 그 정도로도 충분히 감을 잡을 수 있을 것이라 믿습니다.

상업적인 경작 방법과 그로 인한 토양의 황폐화 문제는 그 자체가 책의 제목이 될만큼 매우 심각하게 다루어지고 있지만 영양소의 손실에 영향을 미치는 요소는 여기에서 그치지 않고 가공이나 조리방법으로 인한 것까지 다양합니다. 이 책에서는 이 문제들에 대해서도 간단히 언급하고자 합니다. 이 주제에 대해서는 쏘시, 램버그와 맥애널리(Souci, Ramberg and McAnalley)가 쓴 책을 인용하고자 합니다. 그전에 먼저 폴 버그너(Paul Bergner)의 연구 내용에 대해 먼저 알아보겠습니다. 폴 버그너는 미국영양학회와 기타 자료로부터 1914년, 1963년 및 1992년 사이에 수확한 과일과 야채의 미네랄 및 비타민 함유량을 보여주는 자료를 수집하여 연구조사를 실시하였습니다. 아래 도표는 1963년에서 1992년에 이르는 기간 동안 다양한 원인으로 인해 이루어진 미네랄 손실 정도를 요약한 것입니다. 그는 오렌지, 사과, 바나나, 당근, 감자, 옥수수, 토마토, 셀러리, 상추, 브로콜리, 양상추, 콜라드 잎사귀와 근대를 분석하였습니다.[6]

과일과 야채의 미네랄 함유량 변화 추이
(기간:1963~1992)[6]

우리가 먹는 음식은 50년 전만큼 영양소를 제공하지 못하고 있으며 다양한 연구 자료에서 손쉽게 볼 수 있듯이 농산물에 함유되어 있는 영양소가 매년 계속해서 감소하고 있습니다. 이러한 점에서 건강관련 정부기관이 모든 사람들에게 건강식품의 섭취를 권장하는데 얼마나 걸릴까 하는 것이 영양 전문가들의 주요 관심사가 되고 있습니다.

미네랄	평균 변동량 (%)
칼슘	- 29.82
철분	- 32.00
마그네슘	- 21.08
인	- 11.09
칼륨	- 6.48

　다음에 소개되는 내용은 필자가 쓴 "유독물질로 가득찬 지구에서 살아남기"(How to Survive on a Toxic Planet) 2판의 10장(항산화제- 인체의 제1방어선)에서 발췌한 내용입니다. 필자는 여기에서 우리가 매일 먹는 음식은 생존을 위해 필요한 칼로리는 공급해주지만, 왜 최적의 건강을 유지하는데 필요한 영양소는 제공해주지 못하는지 그 이유를 소개하고 있습니다.

　"만일 여러분이 확신하지 못한다면 좀더 구체적으로 말씀드리겠습니다. 최근에 수행된 연구 조사에 따르면 현재 우리가 먹고 있는 신선한 과일과 야채는 30년 전의 것보다 비타민 및 미네랄의 함유량이 터무니 없이 적다는 것이 밝혀졌습니다. 1951년과 1999년 사이에 25가지의 과일과 야채에서 발견된 7가지 비타민과 미네랄 수준을 비교하는 연구에서 전반적인 영양소 손실이 영양소의 증가보다 훨씬 초과했습니다.[59] 영양사가 되기 위해 열심히 공부하는 사람들이나 의사들도 이러한 중요한 자료에 대해 공부하지 않으면 알 수가 없습니다. 따라서 그들은 음식으로부터 얻는 주요 영양소의 손실이 생각보다 훨씬 크다는 사실을 잘 알지 못하는 것입니다.

　이들 음식에는 브로콜리(칼슘, 리보플라빈, 비타민 A, 비타민 C), 시금치(리보플라빈과 비타민 E), 감자, 콜리플라워, 딸기, 토마토와 고추(비타민 C)가 포함되어 있습니다.[59] 여기에 더욱 놀라운 사실이 있습니다. 1951년의 경우 브로콜리 1회의 섭취로 성인남성을 위한 비타민 A가 1일 권장량 이상이 공급되었습니다. 하지만 지금은 과거와 동일한 양의 비타민 A를 섭취하려면 브로콜리를 2회 이상 섭취해야 합니다. 마찬가지로 1951년에는 복숭아 2개만 먹으면 성인 여성을 위한 비타민 A 권장량이 공급되었지만, 지금은 1일 권장사용량을 충족시키기 위해 무려 53개의 복숭아를 먹어야만 합니다.[35] 1951년에 먹던 복숭아 2개가 현재 수확하고 있는 복숭아 53개에 해당하는 영양분을 제공했던 것입니다. 하지만 이것은 비타민 A에만 국한된 것으로 비타민 C까지 고려한다면 이러한 통계는 더욱 달라질 것입니다.

1930년과 1980년에 수확한 40개의 과일과 야채에 함유된 8개의 미네랄 자료를 분석한 또다른 연구는 야채의 경우 칼슘, 마그네슘, 구리 및 나트륨 성분이 상당히 감소되었으며, 과일의 경우 마그네슘, 철분, 구리 및 칼륨이 감소된 사실을 확인해주었습니다. 이들 식품은 또한 수분량은 높았으나 섬유질량은 상당히 낮았습니다."[9]

더욱 심각한 문제는 농산물은 대부분 수송 및 보관기간 등을 이유로 완전히 익지 않았을 때 수확합니다. 여기서 우리가 알아야할 사실은 완전히 익은 과일과 야채만이 해당 식물이 가지고 있는 고유한 식물영양소(비타민이나 미네랄이 아닌 식물성 물질)를 충분히 제공해줄 수 있다는 것입니다. 이 문제의 중요성에 대해서는 뒤쪽에서 말씀드리기로 하고 우선 "미성숙 조기 수확"과 관련한 영양소 결핍에 대해 먼저 예를 들어 보겠습니다. 이것이 여러분들의 기억속에 오래 남을 것 같습니다.

여러분들은 한번쯤, "무엇이 토마토, 육류나 수박의 육질을 붉게 만드는 걸까?"라고 생각해보셨을 것입니다. 농산물에서 볼 수 있는 붉은 색은 주로 라이코펜이라는 매우 중요한 항산화제로 인한 것입니다. 라이코펜은 진홍색을 띱니다. 따라서 아직 익지 않은 녹색 토마토에는 라이코펜이 거의 함유돼 있지 않습니다. 이러한 측면에서 익지 않은 토마토는 칼로리 공급 이외에는 별로 쓸모가 없는 것입니다. 상업적으로 운영되는 농장에서는 중요한 영양소가 형성되기 전에 녹색 상태에서 과일과 야채를 수확합니다. 수확 후 가스를 이용해 비자연적인 방법으로 색을 변하게 만듭니다. 이렇게 함으로써 운반이나 식품 가게에서 저장에 필요한 시간을 벌수 있기 때문입니다. 하지만 중요한 것은 칼로리의 양은 동일하지만 우리가 얻고자 했던 영양소는 얻을 수 없습니다. 만일 작물을 기르는 토양에 우리가 필요로 하는 영양소가 존재하지 않거나 충분히 익기 전에 작물을 수확한다면 칼로리는 얻을 수 있지만 필요한 영양소를 얻을 수 없다는 것입니다. 이미 앞서 언급했듯이 화산지역이나 영양분이 풍부한 범람원에서 경작된 것이 아니라면 작물은 인체가 필요로 하는 영양소를 충분히 공급해주지 못할 것입니다.

현대의 상업농이 생산하는 작물의 특성[9]

- 칼로리는 과거와 동일하다(에너지를 얻고 동시에 체중 증가로 이어질 수 있다).
- 수분의 함량이 높다(무게가 많이 나가서 수익이 증가한다).
- 섬유질의 함량이 낮다.
- 식물영양소(라이코펜 포함)의 함량이 매우 낮거나 거의 없다.
- 미량미네랄의 함량이 매우 낮거나 거의 없다.

천연식품의 영양소 결핍 문제를 더욱 악화시키는 것은 거의 모든 사람들이 열을 포함한 여러가지 방법을 이용하여 천연상태의 음식을 가공한다는 점입니다. 이 경우 천연식품에 함유돼 있는 영양학적 가치는 사용된 열의

양에 비례하여 그만큼 줄어듭니다. 현대인이 사용하는 대표적인 가공 방법에는 조리, 통조림 및 건조법이 있습니다.[7]

　만일 열처리를 통해 특정 식품의 영양소 90%가 손실되면 해당 식품으로부터 원하는 최소 영양소를 섭취하기 위해서는 원래 의도된 양의 10배에 해당되는 음식을 섭취해야 할 것입니다. 하지만 그것이 가능한 일일까요? 물론 돈 문제가 아닙니다. 필요한 영양소를 섭취하기 위해 무작정 음식을 먹게 되면 칼로리만 증가하고 그로 인해 생기는 다양한 건강문제는 감당할 수 없다는 것입니다. 이책이 출간되는 시점에서 미국은 전세계에서 가장 뚱뚱한 나라이며 영국과 호주가 그 뒤를 따르고 있습니다. 따라서 영양소 권장 섭취량을 유지하기 위해 식품의 섭취량을 증가시키는 것은 바람직한 대안이 될 수 없는 것입니다.

 ## 가공과정을 통한 영양 손실

　필자는 지난 27년동안의 경험을 통해 위에서 말한 내용에 대해 잘못 이해하고 있는 사람들이 있다는 것을 알기 때문에 좀더 이해가 쉬운 방법으로 설명드리고자 합니다. 예를 들어 천연상태에서 성숙하지 않거나 영양이 결핍된 토양에서 경작하여 열처리 방식으로 가공한 토마토에서는 오직 10%의 라이코펜 밖에 얻을 수 없습니다. 바꾸어 말하면 우리가 원하는 수준의 라이코펜을 섭취하기 위해서는 10배의 토마토를 먹어야 한다는 것을 뜻합니다. 이것은 우리가 수확하는 과일과 야채를 사용해 보조식품을 만든다 해도 마찬가지로 건강하게 경작된 토마토가 제공할 수 있는 정도의 라이코펜을 얻기 위해서는 10배의 재료가 필요한 것입니다.

　천연 상태에서 익히지 않은 과일과 야채를 사용하거나, 재료를 열처리하거나, 영양이 결핍된 토양에서 경작한 작물을 사용하여 건강식품을 제조하는 경우 동일한 양의 영양소를 얻기 위해서는 상대적으로 많은 원재료를 확보해야 합니다. 따라서 오늘날 건강식품의 품질이나 효능은 원재료의 품질보다는 제조과정에서 이루어지는 품질관리 기술에 의해 결정되고 있습니다. 슬픈 일이기는 하지만 이것이 바로 우리가 가지고 있는 현실입니다. 하지만 한편으로 21C 건강식품에서는 품질관리가 매우 중요하다는 것을 반증해주는 사실이기도 합니다. 그것은 전문적인 품질관리 부서가 원재료의 공급원과 관계없이 소비자가 필요로 하는 효능과 순도를 보장할 수 있어야 하기 때문입니다.

품질 보장

품질보장(QA) 노력이 모든 제조공정의 일부로 편입되어야 합니다. 제조공정의 초기에서 이루어지는 품질관리는 대부분 동일합니다. 하지만 품질보장(QA)은 또 다른 문제입니다. 대부분의 소비자에게는 놀라운 얘기가 될지 모르지만 품질보장 부서가 없는 회사가 많습니다. 서류상으로는 품질보장 부서가 있지만 전문적인 품질보장 기능을 수행하는데 필요한 장비나 고도로 훈련된 요원을 갖추지 않은 경우도 있습니다. 모든 회사들이 품질에 대해 얘기합니다. 하지만 그들의 주장은 제조업자가 가지고 있는 데이터에 입각한 것이지 자체 품질보장 부서가 판단한 것이 아닙니다. 모든 회사는 제조업체가 아닌 자체 품질보장 부서를 가지고 있어야 하지만 현실은 그렇지 못합니다. 건강식품 판매업체는 전문적인 품질보장 부서의 활동을 통해 안전도, 순도 및 안정성을 보장해야 하며, 오염물질, 살충제, 중금속, 미생물과 알레르기 물질 등 제조공정에서 혼입될 수 있는 불순물을 점검해야 합니다. 품질관리부서 노력에도 불구하고 원하지 않은 물질이 혼입될 수 있습니다. 이것이 제조업체와 별도로 판매업체에 품질보장부서가 매우 중요한 이유입니다.

현재 수천종의 건강식품이 유통되고 있지만 이를 생산하는 제조회사는 고작 몇 개밖에 되지 않습니다. 대부분의 제품은 브랜드는 다르지만 그 내용물은 수백개의 다른 브랜드와 동일하며, 차이가 있다면 오직 상표뿐입니다. 그들은 동일한 제조회사와 동일한 재료를 사용하여 만든 제품을 판매하고, 자신의 것이 아닌 차용된 데이터를 사용하며, 심지어 제조업체의 실험실 사진까지 빌려 씁니다. 소비자는 그 사실을 알아야 합니다.

품질보장의 중요성에 대해 좀더 강조하기 위해 2001년 '뉴트라콘 컨퍼런스'(기능성 식품이나 화장품, 의료제품 전문가들의 학술 교류 및 정보교류를 위한 미국 최대 협회)에 모인 과학자들은 올바르지 못한 품질보장제도가 건강식품 산업에 어느 정도 만연되어 있는지를 나타내는 자료를 발표했습니다. 그들은 주요 브랜드를 무작위로 구매하여 테스트해본 결과 제품에 함유되어 있는 활성성분의 함량은 다음과 같습니다.

여기에서 나타난 통계는 모든 사람들을 놀라게 만들었습니다[8] :
• 마황 성분 - 제품 라벨에 표기된 양의 0~154%
• 은행 성분 - 30개 제품 중 6개 제품이 미달
• 인삼 성분 - 배당체인 진세노사이드(ginsenoside) 함유량이
　　　　　　　최고 10배 차이
• 요힘비 성분 - 테스트한 26개 전제품에서 수준 미달

마황은 현재 불법으로 간주되고 있는 성분이지만 한 때 미국에서는 가장 많이 팔리는 제품이었다는 점에서 중요한 의미를 나타냅니다. 은행은 기억력을 증진시켜 주지만 제품 라벨에 적혀 있는 것보다 높은 수준을 공

급했을 때만이 그 효과를 발휘하며, 30개의 주요 브랜드 중 6개가 라벨에 표기되어 있는 것과는 달리 은행성분이 함유돼 있지 않았습니다. 인삼 제품의 경우에도 품질관리가 전혀 이루어지지 않았으며 표준화도 확보되지 않았습니다. 또한 캡슐마다 결과가 상이했습니다. 요힘비는 대부분의 경우 남성의 성기능 문제에 도움이 되지만 시중에 나온 캡슐에는 요힘비가 전혀 함유돼 있지 않았습니다. 필자는 요힘비가 꼭 필요하다고 생각되지 않아 추천하지 않습니다. 요힘비는 혈압을 증가시키기 때문에 만일 요힘비가 함유되어 있는 제품을 사용하는 경우에는 주의를 기울여야 합니다. 위에서 분석된 제품들은 우리에게 잘 알려진 제품들입니다.

한편으로 생각해보면 부족한 영양소를 보충해준다고 주장하는 건강식품이 선전효과나 과장광고에 불과하다고 믿는 사람들이 많은 것도 별로 놀랄 일이 아닙니다. 그러나 올바른 영양소를 함유하고 정교한 품질관리를 통해 제조된 건강식품은 인체의 정상적 생리현상을 효과적으로 지원한다는 것을 보여주는 과학적인 근거가 충분히 있습니다. 하지만 이러한 내용이 미국의학협회 잡지 등에 실리려면 아직도 수년은 더 걸릴 것입니다. 그것은 영양치료에 대해 아직도 편견이 있기 때문입니다. 대부분의 의료전문가들이 영양치료가 가지고 있는 가치에 대해 알기 위해서는 아마도 상당한 시간이 걸릴 것입니다.

필자는 "유독물질로 가득찬 지구에서 살아남기"의 2판에서 현대사회에서는 유기농조차 완벽하다고 볼 수 없는 이유를 제시했습니다. 그것은 유독물질에 노출되지 않은 공기나 물이 거의 없기 때문입니다. 북극 지방의 눈과 얼음에서는 물론 남극지방에 서식하는 펭귄의 지방조직에서도 살충제 성분이 발견되고 있습니다. 만일 특정 회사가 순수한 재료만을 사용한다고 주장한다면 거짓말을 하거나 품질보장을 위해 직접 재료를 테스트하지 않았을 수 있습니다. 이 지구상에는 현대문명이 만들어 낸 유독물질에 의해 영향을 받지 않은 곳이 거의 없습니다. 현대사회에서는 수익증대를 원하는 상업농이 비행기를 이용해 살충제를 살포하고 있습니다. 만일 농장이 고도의 정밀한 공기정화 시스템을 갖춘 밀폐된 공간으로 되어 있지 않는 한 유기농제품이라고 표시한 라벨의 제품도 살충제 성분을 함유 할 수밖에 없는 것입니다. 그렇다고 유기농 제품이 값어치를 제대로 하지 못한다고 말하는 것이 아닙니다. 중요한 것은 완벽하지 못한 유기농법으로 경작된 재료로 생산되었기 때문에 유독물질이 없다고 말할 수는 없다는 것입니다. 유기농이란 유독물질을 **의도적으로** 사용하지 않았다는 것만 말해줄 뿐입니다. 물론 유기농은 매우 긍정적이고 바람직한 일이지만 그렇다고 유해물질이 없다는 것을 보장해주는 것은 아닙니다. 이 문제에 대해서는 뒤쪽에서 다시 말씀드리겠습니다.

21C에 들어서서 모든 원재료는 신중하고 반복적인 검사과정을 거쳐야 하며 살충제뿐만 아니라 유해금속, 인공화학물질 및 미생물이 함유되어 있는지 확인해야 합니다. 미국의 경우 50개주 전역에서 최소 17가지 이상의 유해금속을 함유하고 있는 비료를 무분별하게 사용하고 있습니다. 이것은 철강 제조로 인한 부산물인 유해 금속들이 산에 버려진 결과입니다. 주정부 관리들은 이러한 잘못된 경작 방법을 알고 있지만 정작 농민들은 그렇지 않습니다. 필자는 "유독물질로 가득찬 지구에서 살아남기" 2판에서 이 문제에 대해 언급하였습니다. 엄격히 말하면 50개 주에 있는 모든 농부들이 유해한 비료를 사용한다는 것이 아니라, 유해한 비료를 사용하는 농부들조차 자신들이 어떤 일을 하고 있는지 잘 모른다는 것입니다. 그러면 우리가 먹는 식품이 유해 물질을 함유하고 있는 토양에서 자라고 있다는 것을 어떻게 알 수 있을까요? 미국 이외의 지역에 대한 자료는 가지고 있지 않지만 상황은 어디서나 비슷할 것입니다. 여러분이 계신 국가에서는 유독물질이 어떻게 처리되고 있는지 알고 계십니까? 여러분이 계신 국가도 다른 국가가 하는 것과 마찬가지로 미국의 전철을 밟고 있지는 않습니까?

농산품에서 발견되는 다양한 유해물질은 재료에서부터 제거되어야 합니다. 이러한 정화작업은 열처리 없이 올바르게 수행된다고 해도 어느 정도 영양 손실이 필연적입니다. 그리고 제조회사는 필요한 효능을 얻을 때까지 원재료로부터 계속해서 활성성분을 추출해야 합니다. 이러한 추출과정은 가능한 한 저온에서 이루어져야 합니다. 소수의 경우를 제외하고는 열은 영양소의 적입니다. 물론 열이 사용된다고 해도 필요한 영양소를 제공하지 못하는 것은 아닙니다. 다만 더 많은 재료가 필요한 것 뿐입니다. 특정 영양소 10mg을 원하는 경우 이 성분이 활성상태이고 청결하기만 하다면 성분을 어떻게 추출하는가는 그다지 중요하지 않습니다. 따라서 자체 제조설비를 갖추지 않은 회사라도 적절한 품질보장이 이루어진다면 여전히 높은 영양 수준을 유지할 수 있는 것입니다.

**"유기농이란 단어는 의도적으로 유독물질을 사용하지 않았음을
말하는 것이지 유독물질이 전혀 없다는 것을 뜻하는 것은 아닙니다."**

 ## "유기물(organic)"이란 무엇일까요?

과학적인 측면에서 보면 탄소가 분자구조의 일부를 구성하는 모든 물질을 "유기물"이라고 부릅니다. 과거에서부터 현재에 이르기까지 지구 상에 존재하는 모든 생명체는 탄소를 바탕으로 이루어져 있습니다. 어디서 어떻게 성장했든 모든 식품은 기술적으로 말하면 유기물이라고 말할 수 있습니다.

그런데 유기물을 흔히 청결하고 유독물질이 없으며 영양소도 풍부한 농산물로 잘못 사용하고 있습니다. 유독물질이 없다는 것이 무엇인지에 대

해 이미 말씀드렸습니다. 우리는 흔히 유기농을 녹비를 사용하고 휴경재배를 실천하는 경작 방법을 의미하는 것으로 이해하고 있습니다. 물론 이것이 틀린 말은 아닙니다. 녹비를 사용하고 적절한 휴경재배가 이루어질 때 농산품은 영양소가 높으며 천연 상태에서 익히는 경우 더욱 좋은 효과를 발휘합니다. 그러나 유기농이라는 단어는 유독물질이 의도적으로 사용되지 않았다는 것만을 보장해줄 뿐이며, 그 이상의 것은 보장하지 않습니다. 단지 보조식품을 구매할 때의 재료에 대한 점검 밖에는 할 수 없다는 것입니다. 위에서 계속 얘기했듯이 "유기농"이라는 용어를 모두가 잘못 사용하고 있으므로 유기농에 대해서 언급할 때는 필자도 같은 맥락으로 사용할 것이므로 여러분은 그 점을 이해해 주시기 바랍니다.

유기농법을 사용하여 경작한 식품을 사용해야 하는 이유는 말할 수 없이 많습니다. 저는 그러한 식품을 구매하기 위해 필요한 노력과 비용을 아끼지 않습니다. 저는 유기농을 좋아하며 여러분도 유기농법으로 경작한 식품을 사는데 더 많은 비용을 치를 용의가 있을 것입니다. 이러한 식품에 대해 판매자가 더 높은 가격을 요구하는 것은 악조건 하에서 자연을 거스르지 않는 방법으로 동물을 기르거나 농작물을 경작하는데 상대적으로 비용이 많이 소요되기 때문입니다.

"대부분의 질환을 야기하는 유해물질을 인간의 감각으로는 쉽게 느낄 수 없습니다"

대부분의 유해물질은 인간의 오감만으로는 쉽게 느낄 수 없습니다. 우리는 자연의 아름다움을 원하며, 청결하고 안전하며 건강한 환경에서 살고 있다고 믿고 싶어 하지만 그것은 일종의 자기최면일 뿐입니다. 예를 들어 우리는 공기중에서 100만 입자당 1.5~4.7 개의 벤젠 입자(1.5~4.7ppm)가 있을 때만이 비로소 벤젠의 존재를 느낄 수 있습니다. 그리고 물에선

2ppm의 벤젠이 있을 때 느낄 수 있습니다. 반면에 EPA(Environmental Protection Agency)는 식수의 벤젠 허용치를 최고 5ppb(십억개의 입자 중 5개입자)로 제한하고 있습니다. 1ppb 는 1ppm 의 1000분의 일에 해당합니다. 따라서 벤젠 냄새를 맡기 이전에 우리는 이미 안전수준을 훨씬 초과하게되는 셈입니다. 대부분의 사람들은 0.5~0.45ppm에 도달하기 전에는 물에 함유되어 있는 벤젠을 느낄 수 없습니다. 이러한 내용을 고려해볼 때 '그래도 내가 살고 있는 환경은 너무 좋아서 괜찮아' 라는 생각은 잊어버리십시오.

채식주의자는 안전할까요?

　식물을 포함하여 이 지구상에 존재하는 모든 생물체가 유해물질에 노출되어 있다는 것을 고려할 때 유기농으로 사육한 동물에서 발견되는 유독물질의 수준은 상대적으로 낮다고 말할 수 있습니다. 많은 채식주의자들은 동물성 식품을 삼감으로써 유해물질의 섭취를 피할 수 있다고 생각하지만 그것은 사실과 다릅니다. 채식주의자들은 자신들의 식단에 대해 지나치게 방어적입니다. 누구나 쉽게 이해할 수 있는 것도 심리적으로 부정적 생각을 갖고 있으면 다른 사람의 말을 듣거나 배우려고 하지 않습니다. 따라서 채식주의자들께서는 좀더 인내심을 가지고 읽어 봐주시기 바랍니다. 사실에 입각해서 신중하게 표현하겠으며 객관적인 사실만을 말씀드리겠습니다. 하지만 한가지 당부 드리고 싶은 말씀은 과거에 읽은 다른 서적이나 자료의 내용을 전제로 비교하거나 선입견을 갖지 말라는 것입니다. 자 준비되셨습니까?

　일반인들(채식주의자를 포함하여)은 유기농적인 방법으로 사육된 동물보다 더 많은 유독물질을 체내에 가지고 있습니다. 왜 그럴까요? 그것은 인간이 먹이 사슬의 가장 위쪽에 위치해 있으며, 다른 어떤 종보다 오랫동안 생존하기 때문입니다. 우리는 매일 조금씩 체내에 유독물질을 축적시키면서 수십년을 살아갑니다. 또한 화학 재료를 사용해 만든 빌딩은 카펫으로부터 시작하여 접착제에 이르기까지 그 자체가 유독물질입니다.

반면에 상업적으로 사육된 가축의 조직에 축적되어 있는 유독물질의 수준은 그 자료를 확인해 보면 놀라지 않을 수 없습니다. 이러한 점에서 많은 사람들이 채식주의자로 전환하고 있는 것도 결코 놀라운 일이 아닙니다. 그들은 바로 가축에서 발견되는 유독물질의 수준에 의해 동기를 부여받아 채식주의를 우리가 가야할 당연한 선택이라고 생각합니다. 하지만 인간은 육식성이나 채식성이 아니라 잡식성으로 설계되어 있으며 여기에는 충분한 과학적 근거가 있습니다. 보다 명쾌한 정의를 위해 잡식성(omnivore)이라는 단어는 "전부(omni)"라는 단어와 "먹다(vore)"라는 라틴어가 합성되어 생긴 용어라는 점을 말씀드립니다. 이것은 결국 우리가 특별히 음식을 가리지 않고 모든 것을 먹는다는 것을 뜻합니다. 육식주의자나 채식주의자도 일종의 편식가로서 육식주의자는 오직 고기만을 먹거나 채식주의자는 오직 식물만을 먹습니다.

우리는 분명히 잡식성이기는 하지만 아미노산과 비타민을 위한 식물성 메뉴를 균형있게 섭취하는 사람만이 좋은 건강을 누릴 수 있습니다. 하지만 제가 지금까지 보아온 대부분의 채식주의자는 그렇게 하지 않았으며, 따라서 건강하지 못했습니다. 뿐만 아니라 일부 채식주의자가 보이는 과체중 현상은 모든 채식주의자는 날씬하다는 통념을 깨는 것입니다. 만일 채식주의자가 되고 싶은 동기가 철학적이거나 종교적인 것이라면 그것은 어쩔 수 없는 이유일 것으로 개인적으론 존경을 표합니다. 하지만 분명한 것은 인간이 잡식성이라는 것은 과학적으로 증명된 사실입니다.

그렇다면 현대인은 유기농으로 재배되거나 사육된 모든 종류의 동물성 및 식물성 제품을 구할 수 있기 때문에 우리가 먹는 음식에는 투자할만한 가치가 있지만, 보조식품에는 추가적인 비용을 투자할 가치가 없는 것일까요?

질문 내용이 좀 복잡하십니까? 만일 여러분이 영양과 대체의학에 대해 많은 책을 읽으셨다면 그러한 서적들이 가지고 있는 주관적, 독불장군식 접근방법에 대해 익숙해져 있을 것입니다. 하지만 이 책에서는 그러한 접근방법은 시도하지 않을 것입니다.

필자는 천성적으로 객관적인 사람입니다. 바꾸어 말하면 결론에 도달하기 전에 우리가 다루는 주제의 모든 측면을 검토하여, 개인적인 열정이나 철학 및 영적 믿음대신 입증된 사실만을 바탕으로 결론에 도달하고자 합니다. 또한 인기 있는 저자들과는 달리 개인적인 선호도나 철학을 강요하지 않고, 진실을 정확하고 올바르게 전달함으로써 독자들이 옳고 그른 것에 대한 차이를 이해할 수 있도록 하고 싶습니다. 이 책의 목적은 필자가 특정한 이론으로 독자를 설득시키는 것이 아니라, 독자 스스로가 지식을 습득함으로 판단하도록 하자는 것입니다. 저는 여러분이 과거에 알지 못하던 사실에 대해 알려드림으로써 자신이 사랑하는 사람, 더 나가 우리가 사는 지구 전체에 혜택을 줄 수 있는 선택을 할 수 있도록 돕고 싶습니다. 여러분들이 내리는 올바른 선택은 여러분 스스로를 위하는 것은 물론 궁극적으로 지구 전체를 변화시킬 수 있습니다.

이러한 목적을 위해 저는 여러분을 균형잡힌 토론의 장으로 안내하고 객관성을 위해 제가 소개하는 내용이 과학적으로 입증된 것이 아닌 저의 견해를 나타내는 경우 그것을 분명히 구분하도록 할 것입니다. 저는 객관적인 접근 방법이 책을 홍보하는데는 가장 나쁜 방법이라는 점을 잘 압니다. 그 이유는 대부분의 사람들은 간단하고 확실한 답변을 원하기 때문입니다. 하지만 재정적 이득은 제가 책을 쓰는 주된 목표가 아닙니다. 저는 강의에서나 서적에서나 현상을 이해하기 쉽도록 전달하고, 과장된 느낌을 주지 않도록 객관성과 균형감을 유지하는 것이 소중하다고 생각합니다. 따라서 저는 확실한 의견을 제시하는 것은 가능한 피하고자 합니다.

먼저 사실에 대해 분석해보도록 하겠습니다. 이 책에서 언급된 것처럼 우리가 먹는 음식에 포함되어 있는 영양소는 함유량이 매우 낮아서 비타민, 미네랄, 식물영양소 및 당영양소의 섭취라는 측면에서는 실질적으로 거의 가치가 없습니다. 결국 칼로리와 섬유질을 위해 음식을 먹는 셈입니다. 섬유질조차 과거에 비해 함량이 매우 낮아 영양학적 가치가 더 이상 적절한 수준에 미치지 못하고 있습니다.[9] **이것은 장수와 건강을 원한다면 건강식품이 더 이상 사치가 아니라는 점을 극명하게 보여주는 사실입니다.**

"칼로리는 우리에게 에너지를 공급해줍니다. 따라서 에너지가 넘쳐 흐르고 고통이 없으면 우리는 스스로 건강하다고 생각하며, 우리가 먹는 음식 또한 영양이 풍부하다고 믿는 실수를 범하게 됩니다."

현재 북극과 남극에 있는 눈밭에서조차 유독물질이 발견되고 있다는 점을 고려할 때[10] 지구상에 있는 어떤 농장도 유해물질의 노출로부터 안전한 지역이 될 수 없습니다. 따라서 우리가 제품을 만들 때 사용하는 재료는 원산지가 어디가 됐든 정화과정을 거쳐야 합니다. 또한 원재료가 유기농이라고 주장하는 경우조차도 영양학적 가치가 매우 낮기 때문에 필요한 양만큼의 성분을 얻는데 소요되는 추가적인 비용이 결국 보조식품의 가격을 터무니없이 증가시키도록 하고 있습니다. 또한 상업적으로 경작된 원재료로부터 만든 보조식품의 경우 안전도, 순도, 효능이라는 측면에서 적절한 품질보장 절차를 거치지 않는다면 최종제품은 유독물질로 가득찬 원재료와 별로 차이가 나지 않습니다. 차이가 없다면 왜 비싼 비용을 치러야 하나요? 따라서 우리는 품질관리가 완벽하게 이루어진 올바른 보조식품을 사용해야 합니다. 아울러 품질관리가 적절하게 이루어지는 경우 추가적인 비용이 소요되므로 현명한 소비자라면 그 점을 충분히 이해해야 합니다.

우리가 먹는 음식의 상대적인 안전성과 관련하여, 유기농으로 사육된 동물성 제품은 투자할 만한 가치가 있습니다. 상업적으로 사육되는 가축과 그 가축을 사용해 만든 제품들은 항생제와 호르몬이 다량 들어 있기 때문입니다.

상업적으로 사육되는 동물은 상대적으로 많은 양의 중금속과 화학성분을 함유하고 있으며, 지방질의 비율도 매우 높습니다. 이와는 반대로 유기농으로 사육된 동물은 지방의 중량이 35%나 적습니다. 일부 농장의 경우 지방질의 수치가 더욱 낮습니다. 유기농으로 사육된 동물에 지방성분이 매우 낮은 것만으로도 유기농으로 사육한 동물을 택해야하는 충분한 이유가 됩니다. 우리의 식단에서 과다한 지방의 섭취를 제한하면 체중감량이나 심장질환에 도움이 됩니다. 적어도 지방조직은 질병을 유발하는 유해물질을 저장한다는 사실을 기억하는 것이 중요합니다. 따라서 육류를 먹는 경우 항상 살코기를 선택하십시오.

풀을 먹고 자란 육류를 선택하십시오.

상업적으로 사육된 육류와는 대조적으로 유기농적인 방법으로 사육된 육류의 가치에 대해 조금 더 언급하고자 합니다. 이러한 육류는 저지방, 높은 필수지방산 함량(매우 중요), 보다 좋은 맛, 산성에 내성이 강한 대장균 박테리아에 대한 낮은 전염 가능성, 부드러운 육질을 갖습니다. 놀랍지 않습니까?

과학적 근거에 바탕을 둔 첫번째 놀라운 사실은 풀을 먹고 자란 동물은 총 지방의 수준이 상대적으로 낮으며, 해로운 지방 성분만이 감소됩니다. 풀을 먹고 자란 동물은 또한 상업적으로 사육된 동물보다 오메가-3 지방산의 함유량이 2~6배나 높습니다.[11, 12, 13]

필수지방산이라는 한 가지 주제만으로도 많은 책들이 발간되어 있으며, 너무나도 많은 과학적 연구가 이루어졌습니다. 오메가-3에 대해 다른 각도에서 말씀드려보겠습니다. 매일 먹는 식단에 오메가-3가 충분한 사람은 고혈압이나 부정맥의 가능성이 상대적으로 적습니다. 또한 심장마비를 일으킬 확률은 그렇지 않은 사람의 50% 정도밖에 되지 않습니다.[14] 또한 뇌기능을 개선시킬 수 있는 기회를 포기하는 사람은 없을 것입니다. 오메가-3는 건강한 두뇌 세포에 필수적입니다. 오메가-3가 풍부한 식단을 선택하는 사람들은 우울증, 조울증, 주의력결핍, 과잉행동장애나 알츠하이머병에 노출될 확률이 오메가-3가 결핍된 사람의 경우보다 훨씬 낮습니다.[14]

오메가-3가 중요한 또 다른 이유는 암의 발병위험을 감소시킬 수 있다는 점입니다. 다양한 동물 실험에서 오메가-3 필수지방산은 다양한 종류의 암의 성장이나 전이 속도를 감소시키는 것으로 확인되었습니다.[16, 17] 이처럼 오메가-3가 필요하다는 것은 비록 사람을 통한 임상연구는 없다할지라도 다양한 연구를 통해 확립된 사실이므로 오메가-3를 섭취할 것을 강력하게 권합니다.

한가지 혜택을 더 말씀드리면 오메가-3가 풍부한 식단을 선택하면 수술 회복이 매우 빠르다는 점입니다.[17, 18]

필수지방산의 수준이 높을수록 육류는 그만큼 더 "비릿한" 맛이 납니다. 자연 방목의 형태로 사육된 닭고기에 대한 연구 조사에서 연구자들은 소량의 천연 비타민 E를 첨가하면 비린 맛을 감소시키는 동시에 필수지방산은 그대로 유지한다는 사실을 밝혀냈습니다.[13]

최근 들어 대장균 박테리아가 우려의 대상이 되고 있습니다. 한 연구를 통해 상업 사료를 먹고 자란 가축은 위산에 대한 내성이 강한 대장균을 더 많이 전염시키는 것으로 확인되었습니다. 하지만 가축에게 5일동안만 건초를 먹여도 대장균의 산성내성이 극적으로 감소됩니다.[19]

옥수수를 먹는 소는 부드러운 고기를 생산한다는 상업농의 주장은 사실이 아닐 수 있습니다. 근육내 지방을 연구해 본 결과에 의하면 상업 사료를 먹는 소나 식용동물들은 포화지방의 비율은 높았지만, 지방의 함량과 부드러운 맛 사이에는 관계가 별로 없다는 사실을 발견했습니다. 육류의 부드러움은 지방 함량 자체가 아니라 사료에 들어있는 첨가물(필수지방산과 비타민 E)을 통해 조작될 수 있습니다. 또 다른 연구에서는 곡물을 먹는 동물보다 풀을 먹는 동물의 육질이 개선된다는 사실이 밝혀졌습니다.[21]

오메가-3는 해산물과 아마씨, 호두 및 카놀라와 같은 견과류 및 씨앗류에 매우 풍부하게 함유돼 있지만, 정상적으로 자란 동물과 물고기에서도 찾아볼 수 있습니다. 그 이유는 오메가-3가 녹색 잎사귀나 해조류의 엽록체에서 생성되기 때문입니다.

오메가-3를 함유한 보조식품을 사용하고자 하는 경우 다이옥신과 폴리염화비페닐이 제거되고 오메가 지방산은 보존되어 있다는 독립검사기관의 검증이 있는 것만을 구매해야 합니다. 이 검증작업은 하버드대에서 광범위한 시험을 거쳐 특허를 획득한 증류식 방법으로 이루어집니다. 이 책에서는 그 기술에 대해서는 소개하지는 않을 것입니다. 하지만 특정 회사가 그러한 검증방법을 사용하는 경우 자연스럽게 그 기술이 소개될 것입니다. 만일 증거를 제시하지 못한다면 그들의 제품이 독성으로부터 안전하지 못하다는 것을 의미하는 것입니다. 모든 회사는 자신의 제품이 이 세상에서 가장 청결하고 가장 우수하다고 주장합니다. 따라서 제품을 구매하기 전에 증거를 확인해야 할 책임은 바로 소비자의 몫입니다. 음식이 가지고 있는 영양학적 가치에 대한 토론은 이 정도로 마치고 이 책의 중간정도에 소개되어 있는 영양 손실 도표에 대해 언급하기로 하겠습니다.[7]

최적의 건강을 위해 필요로 하는 것

아래 목록은 최적의 건강을 달성하고 유지하기 위해 필요한 것이 무엇인지 보여줍니다.

- 건강한 세포를 생성하는 필수 비타민 및 미네랄
- 세포간 정보전달 및 면역기능 증진을 위한 **당영양소**
- 신체 시스템의 해독을 담당하는 식물영양소
- 내분비선 기능을 위한 식물성호르몬
- 세포 제어, 호르몬 기능 및 대사를 위한 필수지방산
- 모든 단백질의 빌딩블록을 구성하는 필수 아미노산
- 활성산소로부터 세포를 보호해주는 항산화제

우리가 아무리 많은 음식을 먹는다 해도 활성산소, 심리적 스트레스로 인한 면역력 감퇴와 음식에 들어 있는 해로운 물질로 인한 부정적인 영향에 대항하는데 필요한 모든 영양소를 충분히 얻지 못합니다. 따라서 21세기에는 최상의 품질을 갖는 건강식품이 더 이상 사치품이 아니라 필수품이 되었습니다.

비타민, 미네랄, 필수지방산, 아미노산 및 식물영양소에 대해서는 이미 충분한 자료가 제공되어 있습니다. 따라서 여기에서는 그러한 주제에 대해서는 장황하게 언급하는 것을 피하고자 합니다. 우리는 식물성호르몬에

대해서 잘 알지 못하지만 주기적으로 알게 모르게 음식을 통해 식물성호르몬을 섭취하고 있습니다. 그러나 식물성호르몬은 논란의 대상이 되는 주제여서 상세하게 설명하려면 책 한권으로도 모자랍니다. 따라서 여기에서는 언급을 하지 않겠습니다.

항산화제에 대해서는 "유독물질로 가득찬 지구에서 살아남기", 2판 10장에 상세하게 언급되어 있습니다. 최근에 이루어지고 있는 연구조사에 따르면 한때 우리가 옳다고 생각했던 것이 더 이상 사실이 아니라는 사실이 하나 둘씩 밝혀지고 있습니다.

그럼 지금부터 현재까지 밝혀진 것 중 가장 유망한 영양소로 알려진 당영양소에 대해 설명하는데 상당한 지면을 할애하겠습니다.

당영양소 - 생명의 당 신호(The Sugar Code of Life)

당영양소라고 부르는 영양소는 가장 최근에 발견된 것으로 보조식품 전문가들조차 잘 들어보지 못하거나 그 중요성을 인식하지 못하고 있는 영양소입니다. 당영양소는 우리의 생존에 매우 중요하며, 우리가 흔히 A, B, O와 AB라고 나누는 혈액형도 혈액을 구성하는 분자에 부착되어 있는 당영양소의 결합 차에 의해 구분되는 것입니다. 하지만 이러한 사실은 의사들조차 잘 모르는 경향이 있습니다. 이해를 돕기 위해 책의 중간 부분에 혈액분자의 구조도가 소개되어 있으니 참조해주시기 바랍니다.

당영양소는 수세기동안 다양한 문화권에서 치료용으로 사용되어 온 다양한 식물에 천연적으로 존재하는 영양소입니다. 예를 들어 치유효과로 인해 전세계적으로 널리 사용되고 있는 **알로에의 주요 성분도 바로 당영양소**입니다. 다양한 식물을 사용하여 완전한 당영양소를 건강식품으로 만들어

최초로 판매된 것은 1996년의 일입니다. 그 이래 다양한 영양보충제 회사들이 앞다투어 당영양소를 상업적으로 활용하려는 시도를 하였습니다.

당영양소는 비록 최근에 발견된 것이기는 하지만 인류의 건강을 지원해주는 매우 중요한 영양소입니다. 당영양소(Glyconutrient)라는 단어는 "당분"을 나타내는 그리스어인 "글리코"에서 유래된 것입니다. 물론 일부 당영양소는 별로 달지 않은 것도 있지만 당류 성분을 함유하고 있는 특정 식물성분을 지칭하는 용어로 사용되고 있습니다. "당류"라는 용어는 당을 의미하는 화학 용어로 사용하는 반면, 당영양소는 우리가 흔히 사용하는 당류와는 혼동하는 것을 막기 위해서 사용됩니다.

일반적으로 "당"이라고 하면 가장 먼저 떠오르는 것이 맛은 좋지만 몸에는 해로운 성분입니다. 당에는 또한 비만과 당뇨를 초래하는 설탕을 포함하기 때문에 많이 먹어서는 안되는 영양소로 분류하고 있습니다.[22, 23] 사실, 현대인이 섭취하는 설탕의 양은 지나칠 만큼 많습니다. 미국 성인은 매년 평균 34.09kg의 설탕을 섭취하며, 아이들의 경우에는 52.27kg을 섭취합니다. 이것을 칼로리로 환산하면 어린이 한명이 매일 설탕으로 700칼로리를 섭취하는 셈입니다. 설탕의 섭취 수준은 국가마다 다소 상이하지만 필요이상 높다는 것은 어디에서나 마찬가지입니다. 천연상태에 존재하는 다른 당류와 마찬가지로 설탕도 우리의 신체에 필요하지만 문제는 우리가 그것을 남용하고 있다는 것입니다. 이것이 건강을 악화시키는 것입니다. 만일 믿어지지 않으면 다음 내용을 계속 읽어주시기 바랍니다.

꿀에 들어 있는 중요 당류는 자당(sucrose)으로서 설탕 대용으로 꿀을 선택하고자 한다면 굳이 그럴 필요가 없습니다. 벌꿀에는 또 다른 다양한 장점이 있지만 구체적인 것은 여기에서 언급하지 않겠습니다. 당에 관해서만 본다면 같은 설탕을 함유하고 있다는 얘기입니다.

식물에 있는 주요 당류는 자당(설탕)이지만 중요한 것은 과다하지 않고 천연의 균형 상태를 유지한다는 점입니다. 이것은 킬로그램이 아니라 그램 수준에서 이루어지기 때문입니다. 우리의 뇌가 원활하게 기능하기 위해서도 자당을 필요로 하는데 이러한 사실은 신진대사 경로 차트를 직접 확인하거나 의사에게 도움을 청하면 사실이라는 것을 알수 있습니다. 미국영양학회는 에너지와 두뇌 기능을 위해 음식에 들어 있는 당분을 포함하여 매일 20 티스푼의 당분이 필요하다고 밝히고 있습니다. 하지만 평균 미국인은 매일 20스푼 이상의 당류를 섭취하며 이러한 현상은 미국에만 국한되지 않습니다.

설탕(자당)을 과다하게 섭취하는 것이 건강을 악화시키는 주요 원인입니다. 그러나 당류 중에는 당영양소처럼 건강에 없어서는 안될 것들이 있으며 일부인들은 그러한 당류를 충분히 섭취하지 못하고 있습니다. **당영양소는 당뇨를 유발하지 않습니다.** 하지만 설탕은 지나치게 지속적으로 섭취하면 당뇨병으로의 진행 속도가 빨라지게 됩니다. 이해를 돕기 위해 잠깐 다른 각도에서 접근해보겠습니다. 모든 사람들은 부식성이 매우 강해 강철에 한방울만 떨어뜨려도 금방 금속을 부식시키는 산이 있다는 것을 잘 알고 있습니다. 이러한 산은 물론 좋지 않은 것입니다. 그러나 또 한편으로는 우리의 신체에 필수적인 산도 존재합니다. 이들이 바로 아미노산이라고 부르는 것들입니다. 필수 아미노산이 결핍되면 질병이 발생하거나, 심한 경우 사망에 이를 수 있습니다. 바꾸어 말하면 우리의 인체에 좋은 산과 나쁜 산이 존재한다는 것입니다.

마찬가지로 당에도 좋은 당류와 나쁜 당류가 존재합니다. 구체적인 내용을 원하는 분들을 위해 탄수화물에 대해 잠깐 언급하겠습니다. 당영양소는 탄수화물입니다. 그러나 여기서 분명히 이해해야 할 사실은 탄수화물에도 좋은 탄수화물(당영양소)과, 케이크나 사탕처럼 나쁜 탄수화물이 존재합니다. 미국립보건원(NIH)에 따르면 나쁜 탄수화물은 체지방을 형성하고 지나친 체지방은 적어도 20가지의 질병과 관련되어 있다고 합니다.[23]

　좋은 당류(좋은 탄수화물)란 다름아닌 당영양소를 말합니다. 이들은 다음과 같은 용어를 사용하는 다양한 과학서적이나 연구 자료에 소개되어 있습니다.

- 천연 식물성 당류(Biological Sugars)
- 단당류(Mono Saccharides)
- 당류(Saccharides 또는 Sugars)
- 필수 당류(Necessary Sugars)
- 필수 탄수화물(Necessary Carbohydrates)
- 영양학적 탄수화물(Nutritional Carbohydrates)
- 당영양소(Glyconutrients)

　당영양소의 중요성에 대해 말씀드리기 전에 몇가지 다른 용어에 대해 정의하고자 합니다.

- **당영양소 - 세포간 정보전달에 필요한 8가지 단당류**
- 당영양소제품 - 당영양소를 공급해주도록 고안된 보조식품
- 당단백질 - 당영양소와 결합된 단백질
- 글리코폼 - 당영양소의 결합에 의해 특성화된 다양한 복합물을 통칭하는 용어
- 당화 - 단백질 등에 한 개 이상의 당류가 결합되어 글리코폼이 형성되는 과정
- 당접합체(Glycoconjugates) - 당영양소와 결합된 모든 물질을 총칭하는 용어

인체의 빌딩블록을 구성하는 핵심 영양소

위에서 언급한 용어들은 일반 소비자는 물론 의사에게도 매우 생소한 것일 수 있습니다. 그 이유는 당영양소가 가장 최근에 등장한 건강과학 분야이기 때문입니다. 1965년 전에는 유익한 탄수화물이나 당영양소와 관련된 논문이 전무했습니다. 당류에 대한 언급은 신속한 에너지 공급원이나 나쁜 당류가 가지고 있는 부정적인 효과(체중 증가와 비만)라는 맥락에서만 사용되었을 뿐입니다. 그러나 1965년 이래 당영양소와 관련하여 2만건 이상의 논문이 발표되었으며 다양한 임상시험과 연구가 이루어졌음에도 불구하고 대부분의 의사들은 "당영양소"에 대해 듣지 못했을 뿐더러 왜 이러한 영양소가 필요한지 잘 이해하지 못하고 있는 것이 우리의 현실입니다.

따라서 왜 그러한 일이 벌어지고 있는지 현실을 파악하는 노력이 필요합니다. 모든 국가의 보건시스템은 서구식 생의학을 바탕으로 구축되어 있습니다. 서구식 생의학은 증상을 해결하는 것을 주된 목표로 하는 대중요법학(allopathic medicine)이라고 말할 수 있습니다. 이러한 임상요법을 전문적으로 수행하는 사람이 바로 의사입니다. 의사가 되기 위해서는 매우 높은 지적 수준을 가지고 있어야 하며, 대학은 물론 인턴 등을 거치기 위해 엄청난 인내심을 발휘해야 합니다. 하지만 의사들은 약품과 수술에 대해서는 많은 것을 배우지만 보조식품에 대해서는 별로 배우지 않습니다.

마찬가지로 대다수의 의대가 건강식품의 사용이 우리 신체의 정상 생리 활동을 어떻게 돕는지 거의 가르치지 않거나 가르친다해도 형식적인 정도로 끝내는 경향이 있습니다. 또 어떤 경우에는 건강식품은 필요없을 뿐 아니라 오히려 위험할 수 있다고 배우기도 합니다. 도대체 왜 이러한 현상이 벌어지고 있을까 의아해하는 독자도 있을 것입니다. 그 답은 애석하게도 돈과 관련돼있습니다. 의대는 대부분 제약회사의 지원을 받으며, 제약회사는 자신들이 돈으로 통제할 수 있는 것 이외의 제품을 제조, 판매하는 것에 대해서는 별로 관심이 없습니다. 마찬가지 이유로 그들은 당영양소와 관련한 정보를 강조할만한 이유를 가지고 있지 않습니다. 따라서 대부분의 의사들은 당영양소에 대해 정보를 듣지 못하며, 그 결과 언론매체도 건강전문가인 의사들로부터 관련된 지식을 접하지 못하므로 결국 일반 대중에게도 정확한 지식이 알려지지 않는 것입니다. 이러한 정보의 부재가 건강 증진을 위해 지금까지 이루어진 가장 중요하고 혁신적인 물질인 당영양소에 대해 일반 대중을 무지로 몰아넣고 있는 것입니다.

이 책에서 소개하고 있는 당영양소와 관련한 복합물이 현재 개발되어 있고 전세계 많은 국가에서 특허를 획득했으며, 다른 국가에서도 계속 특허를 출원중에 있습니다. 제약 회사는 특정한 합성 탄수화물의 연구에 막대한 돈을 투자했지만 대부분은 원하는 결과를 얻지 못하고 있습니다. 제가 비록 예언자는 아니지만 제약회사들이 안전성과 효능 측면에서 식물에 자연상태로 존재하는 당영양소보다 더 나은 합성 탄수화물을 만들어내는 것은 어려울 것으로 생각됩니다. 또한 어떤 제약회사도 이 책에서 언급되어 있는 당영양소 복합물에 대한 국제 특허를 위반하고자 하지 않을 것입니다. 대규모의 제약회사가 합성 당영양소를 만드는데 많은 돈을 사용한다는 사실만으로도 이들 성분이 인류의 건강에 얼마나 중요한지 알 수 있을 것입니다.

최근 들어 당복합체는 당영양소에 대한 전반적인 문제를 다루는 전문가 저널인 '액타 아나토미카(Acta Anatomica)'를 포함하여 다양한 간행물에서 다루어지고 있습니다. 또한 이 분야에 대해서만 전문적으로 다루고 있는 '글리코바이올로지(Glycobiology)'라고 부르는 과학저널도 등장하였으며, 영국의 주요 의료저널인 '란셋(Lancet)'은 물론 기타 다양한 과학 및 일반 간행물에도 당영양소에 대한 연구결과가 활발하게 발표되고 있습니다.
전문가는 물론 인반인들에게 널리 읽혀지고 있는 '사이언티픽 아메리

칸'(Scientific American)의 표지에 '달콤한 의약품'(Sweet Medicine)이라
는 커버 스토리로 당영양소가 소개된 적이 있습니다. 그리고 이 잡지에는
"생명을 구하는 당류"라는 기사가 소개되었습니다.

과학적인 측면에서 보면 당영양소 분야에서 등장한 가장 중요한 자료
중의 하나가 생화학 교과서인 **'하퍼 생화학'** 1996년 판입니다.[24] 이 의학교
재의 공동저자 중의 한명인 로버트 머레이(Robert Murray) 박사는 인체 당
단백질에 존재하는 8가지의 주요 단당류를 분류하였습니다. **이들 8가지**
당류는 글루코즈, 갈락토즈, 만노즈, 퓨코즈, 자일로즈, N-아세틸글루코사
민, N-아세틸갈락토사민과 N-아세틸뉴라민산(흔히 NANA나 시알산이라
고 부르기도 함)입니다.

머레이 박사는 의대생에게 이러한 정보를 제공할 수 있는 충분한 자격
을 가지고 있는 권위자입니다. 그는 토론토 대학에서 강의 및 연구활동에
종사했으며, 50종의 과학논문을 간행하고, 다양한 교재를 저술했으며, 최
근 6회에 걸쳐 **하퍼 생화학** 교재의 공동저자로서 활동한 바 있는 저명한
학자입니다. 개인적인 얘기지만 필자는 1997년 머레이 박사를 처음 만난
후 절친한 친구가 되었으며, 과학자와 교수로서는 물론 성실한 인간으로
서의 머레이 박사에게 무한한 존경심을 느끼게 되었습니다.

2003년 지구상에 존재하는 최고의 "두뇌 집단" 중의 하나인 MIT가 미래
의 과학기술과 관련하여 중요한 발표를 하였습니다. 2003년 2월, MIT는
'미래의 세계를 변화시킬 10대 과학기술'에 당영양소를 연구하는 당질학
을 포함시켰습니다. MIT는 지금까지 영양학적 분야의 기술에 대해서는 전
혀 언급하지 않았던 교육기관입니다. MIT는 앞으로 촉망되는 기술을 발표
하는 2004년례 행사에 완벽한 당영양소 보충제를 생산하는 기업을 행사에
참석시켰습니다. 이것은 MIT 역사상 처음 있는 일이었습니다.

하지만 한가지 분명히 말씀드리고 싶은 것은 MIT는 일반 기업을 대변하지 않으며 특정 주제에 대해 개별적인 질문을 받는 것도 허용하지 않습니다. 따라서 MIT에 직접 전화하거나 편지를 보내는 일은 삼가주십시오. 만일 MIT의 입장을 확인하고자 한다면 적절한 간행물을 이용해주시기 바랍니다.

 ## 왜 아직 텔레비전을 통해 소개된 적이 없을까요?

일반 대중매체는 당영양소와 관련된 정보에 대해 주로 의사에게 의존하기 때문에 정확한 정보를 알거나 이해하지 못하며, 의사들도 MIT가 이 세상을 바꿀 것이라고 말한 새로운 기술에 대해 잘 알지 못하는 것이 현실입니다.

 ## 어느 정도의 양이 필요할까요?

당단백질에 필요한 8가지 영양소를 충분히 섭취하기 위해서는 어느 정도의 당영양소를 섭취해야될까요? 이 질문에 대한 정확한 답변은 아직 확립되어 있지 않습니다. 일부 전문가들의 주장에 따르면 소화과정에서의 특성을 제외하고 당류는 여러가지 점에서 아미노산과는 다른 특성을 갖고 있다고 합니다. 하지만 최근까지 당생물학 분야의 과학자들 사이에서 나타난 일치된 의견은 N-아세틸아미노산이 위산에서 견디므로 N-아세틸계 당류도 위산에서 견딜 것이라는 점입니다.

일부 과학자들은 N-아세틸계 당류가 위산에 잘 견디지 못한다고 믿습니다. 하지만 직접 인체에 시험하는 일은 너무 많은 위험부담이 따르기 때문에 N-아세틸 성분을 함유한 한가지 당류보다는, 다양한 당류가 혼합된 복합체를 공급하여 세포표면의 수용체에 도달하도록 함으로써 최선의 결과를 꾀하는 것이 중요합니다.

우리가 원하는 완벽한 조합 이하의 제품을 사용한다면 완벽한 기능을 해줄 것으로 기대할 수 없습니다. 그럼에도 불구하고 위에서 언급한 당영양소 중 최소한 한가지라도 제공하는 제품은 건강에 그만큼 가치가 있으며 그로 인한 건강 개선효과를 얻을 수 있습니다. 우리의 신체가 한가지 당류로 인해 건강 문제가 생기는 경우 해당 영양소를 함유하고 있는 제품을 섭취하면 두말할 나위없이 건강이 개선될 것입니다. 그러나 중요한 것은 우리가 몇 개의 영양소가 필요한지 알 수 없다는 점입니다. 한 개가 모자랄 수도 있고 두개가 모자랄 수도 있으며, 어쩌면 다섯개가 모자랄 수도 있습니다. 아니면 더 심한 경우 전부가 다 필요할 지도 모릅니다. 그러나 우리가 쉽게 할 수 있는 검사로는 이것을 알 수는 없습니다. 따라서 우리 자신은 물론 우리가 소중하게 생각하는 사람들의 건강을 위해 필요한 영양소를 충족시키는 일을 단순한 행운에 맡길 수는 없는 노릇입니다. 그러기에는 우리의 삶은 너무나 소중합니다.

당영양소 분야에서 이루어진 지속적인 연구를 통해 전통적으로 사용해오는 허브들이 면역체계를 지원하는 당류나 당영양소를 포함하고 있다는 사실이 갈수록 명백해지고 있습니다. 이들 식물은 대부분 적어도 한가지 이상의 당영양소를 함유하고 있으며, 에크나시아와 다양한 버섯 추출물 등의 일부 식물은 두가지 이상을 함유하는 경우도 있습니다. 여기에서는 모든 식물을 전부 소개할 수는 없고 일부 식물에 대해서만 소개하고자 합니다.

에크나시아는 전통적으로 감기와 관련된 증상을 치료하기 위해 사용되어온 허브입니다. 이 허브는 백혈구(면역세포)를 증가시키는 것으로 알려져 있으며 갈락토스와 아라비노스를 포함한 다량의 당영양소를 함유하고 있으며, 우론산(uronic acid), 아미노산의 일종인 알라닌(alanine)과 하이드록시프롤린(hydroxyproline)을 함유하고 있습니다.[25]

황색 애느타리버섯을 사용하여 생쥐에 이식한 육종(Sarcoma 180)에 대해 항암특성을 분석한 결과 이 버섯은 포도당, 만노즈, 아라비노즈, 갈락토즈, 크실로즈와 퓨코즈를 함유하고 있는 것으로 나타났습니다.[26] 이들 다섯가지 당영양소는 아라비노스를 제외하고는 우리가 필요로 하는 완전한 당영양소를 구성하는 물질로, 단일 재료에 이렇게 많은 종류의 당영양소가 존재하는 것은 참으로 놀라운 일이 아닐 수 없습니다. 일곱가지 상이한 버섯의 적혈구 응집 반응을 위한 또 다른 연구에서는 다양한 당영양소를 추출하였습니다. 이들 추출물에서는 한가지 이상의 응집성분이 있었지만, 포도당, 갈락토즈, 만노즈, 퓨코즈와 람노즈의 농도가 높은 상태에서는 응집현상이 억제되었습니다.[27]

여섯 종류의 버섯(광대버섯, 말불버섯, 살구버섯, 그물버섯, 표고버섯, 애느타리버섯)의 화학구조 연구에서는 만노즈와 퓨코즈가 발견되었습니다.[28,29]

허브를 바탕으로 한 자연의학에서는 수천년동안 면역력 증진 목적으로 버섯을 사용해왔지만 사람들은 자신이 당영양소를 사용하고 있다는 사실을 전혀 알지 못했습니다. 여기서 우리가 주목해야 할 사실은 면역기능을 지원하는 특성을 가지고 있는 것으로 알려진 식물들은 최소한 한 개 또는 두개 이상의 당영양소를 함유하고 있다는 점입니다.

남태평양의 도서 지방에서 서식하는 한 식물은 여러 개의 당영양소와 당배당체를 함유하고 있습니다. 이 식물은 필자가 말한 완전한 성분을 전부 함유하고 있지는 않지만 단일 식물로는 가장 많은 종류의 당영양소를 함유하고 있습니다. 노니(학명: 모린다)라고 알려진 이 식물에는 인간의 항암작용을 포함하여 면역 체계에 도움이 되는 좋은 성분이 함유되어 있습니다.[30, 31] (참고: 당생물학은 아직까지 충분한 관심이나 연구 지원금을 받지 못하고 있습니다. 또한 건강을 위해 필요로 하는 모든 것을 가지고 있는 식물은 존재하지만 아직까지 우리가 발견하지 못했을 수도 있습니다. 따라서 여기에서는 이 책을 집필하는 시점에서 확인된 사실만을 언급하고 있음을 말씀드립니다).

그러나 세포간 정보전달과 원활한 세포 기능을 위해서는 8가지 필수 당류를 모두 제공하는 당영양소복합물을 필요로 합니다. 하지만 지금까지 어떤 식물도 모든 당영양소를 동시에 함유하고 있지 않습니다. 그래서 완벽한 필수당류를 만들기 위해선 여러 다른 식물들을 재료로 이용할 수 밖에 없습니다.

따라서 우리가 필요로 하는 모든 당영양소를 함유하고 있다고 주장하는 주스 제품이 2005년 5월 이전에 시장에 소개되었다면 이 제품은 분명 거짓된 것이며 세포가 필요로 하는 올바른 구조나 기능을 지원하지 못한다고 확신할 수 있습니다. 왜 이렇게 확신할 수 있느냐구요?

특정 물질에 존재하는 당영양소의 존재를 입증할 수 있는 가장 확실한 방법은 고속액체크로마토그래피(HPLC)입니다. 이 방법은 특별한 방법을 이용하여 단일 분자에 있는 당영양소의 존재는 물론 그 양까지도 측정할 수 있습니다. 현재까지 소개된 모든 주스 제품을 시험한 결과 지금까지 그어떤 것도 인체가 필요로 하는 모든 당영양소를 함유하고 있는 제품은 없었습니다. 그렇지만 두가지 제품은 마치 모든 당영양소를 함유하고 있는 것으로 과장 광고를 서슴지 않았습니다.

시험을 거친 주스 제품 중에는 거의 100%가 포도당만 있는 제품도 있었습니다. 어떤 제품은 일부 당영양소가 함유되어 있기는 했지만 우리의 신체에 도움이 될 수 없거나 식별할 수 없을 정도의 양에 지나지 않았습니다.

판매원이 이러한 사실을 잘 알지 못하는 것은 어느 정도 이해할 수 있지만 제조업자조차도 이러한 사실을 잘 알지 못한다는 점은 참으로 놀라지 않을 수 없는 일입니다. 만일 제조업자들이 이러한 사실을 알고 있었다면 그들은 "포도당 유일 이론"을 신봉하고 있는지도 모릅니다. 그리고 이 이론이 사실이라면 초콜릿만 먹어도 모든 것이 해결되기 때문에 가격이나 입맛에 있어서 일석이조의 결과를 얻을 수 있을 것입니다. "포도당 유일 이론"에 대해서는 잠시 후에 소개하겠습니다.

한편 자신이 취급하고 있는 제품이 최첨단 영양기술을 바탕으로 제조된 것이라고 믿는 사람이라면 실제로 그 제품이 정말 좋은 것이라 믿을 수 있습니다. 하지만 시험결과는 그러한 믿음과는 전혀 딴판으로 나타나고 있습니다. 이것이 바로 여러가지의 식물에서 각각의 당영양소를 추출하여 복합물을 만들어야하는 이유입니다.

식품 중에는 필수 당류를 한 개 또는 그 이상을 함유하고 있는 것들이 많습니다. 그러나 현대인들은 음식을 통해 주로 포도당과 갈락토즈 두가지의 당류만을 섭취합니다. <u>다양한 당류를 함유한 식품에는 곰팡이류(버섯), 식물 수액이나 점액질, 씨앗, 과일, 야채 및 곡류들이 있습니다.</u> 하지만 문제는 우리가 조상들과 같은 식습관을 가지고 있지 않다는 것입니다. 오직 수렵인들만이 이러한 음식을 충분히 섭취할 수 있고 현대인의 식습관과는 차이가 큽니다.

왜 현대인들은 과거 수렵인들이 겪지 않는 질병으로 고생해야 하는 것일까요? 인류학자나 영양학자들은 한결같이 현대인의 식단에 조상들의 식습관을 유사하게 적용해야만 현대의 풍요로움이 가져온 다양한 질병에 저항할 수 있다고 말하고 있습니다. 분석에 따르면 과거의 수렵인들은 동물성 음식을 많이 섭취했던 것으로 보입니다(총 에너지의 45~65% 수준). 이들의 음식을 동물성과 식물성으로 나누면 수렵인의 대부분(73%)이 생계의 50% 이상(56~65%)을 동물성 음식으로부터 얻었으며, 수렵인의 오직 14%만이 식물성 식품에서 동일한 수준의 에너지를 얻은 것으로 나타났습니다. 이처럼 동물성 음식에 대한 의존도가 높고 야생 식물에 함유되어 있는 탄수화물의 수준이 낮았기 때문에 대량영양소 중 단백질(에너지의 19~35%)의 섭취량이 탄수화물(에너지의 22~40%)에 비해 높았습니다.[3b]

우리 조상들은 정제된 음식을 전혀 섭취하지 않았습니다. 조상들이 섭취한 탄수화물은 천연 상태에서 얻은 것으로 현재 우리가 먹는 빵이나 케익과는 다른 것이었습니다. 현대인의 식단은 대부분 정제된 음식으로 구성되어 있기 때문에 천연상태의 음식과는 다른 것입니다. 다시 말하면 우리는 최적의 건강을 위해 인체가 원하는 방식으로 영양소를 섭취하지 않는다는 것입니다. 하지만 바람직하지 못한 식단으로부터 보호받기 위해 "포도당 유일 이론"에만 의존할 수는 더더욱 없는 노릇입니다. 한편 채식주의자는 유가공품을 섭취하지 않기 때문에 갈락토즈가 결핍되어 있다고 믿는 것이 일반적인 견해입니다. 하지만 그것은 사실이 아닙니다. 유가공품을 피하는 사람들도 갈락토즈를 섭취하는 것이 가능합니다. 갈락토즈가 유가공품에 가장 많이 함유되어 있는 것이 사실이기는 하지만 엄격한 채식주의자가 먹는 음식이나 기타 음식에도 함유되어 있습니다. 또다른 당영양소인 포도당은 사탕이나 빵종류를 통해 지나치게 많이 공급되고 있습니다.

앞에서 언급한 것처럼 인체는 합성화학 물질이나 기타 오염물질이 없는 순수한 자연 환경에서 살도록 설계되어 있습니다. 또한 높은 영양학적 가치가 있는 토양에서 자란 미가공의 신선한 천연식품을 섭취하도록 설계되어 있습니다. 따라서 우리의 조상은 매일 음식을 통해 환경에 적응하는데 필요한 양의 당영양소를 공급받았던 것입니다. 그러나 이제 그러한 세상은 더 이상 존재하지 않으며 우리가 먹는 음식에는 대부분의 사람들(과학자 포함)이 생각하는 것보다 훨씬 적은 영양소만을 함유하고 있습니다(당영양소 포함).[33]

 ## 포도당 유일 이론은 사실인가, 허구인가?

현대를 살아가는 과학자들은 지금 매우 편리한 이론에 안주하고 있습니다. 그 이론은 바로 "포도당 만능 이론"으로서, 이 이론에 따르면 포도당이나 혈당을 증가시키는 음식을 섭취하면 인체가 다양한 효소의 도움으로 포도당을 필요한 당영양소로 변환시키는 기적을 만들어낸다고 합니다. 만일 이 이론이 정확하다면 정말로 기가 막히게 멋진 일이 아닐 수 없을 것입니다. 그 이유는 우리가 즐기는 사탕이나 케이크, 기타 건강에 별로 도움이 되지 않은 음식을 먹어도 모든 것이 건강 개선에 도움이 될 수 있기 때문입니다. 현재 대부분의 임상 의사들은 "포도당 유일 이론"을 공부하였으며 최근의 연구에 대해서는 잘 알지 못하기 때문에 새로운 발견에 대해 의심을 가질 수 있습니다. 물론 "포도당 유일 이론"도 부분적으로 옳은 이론일 수 있습니다. 하지만 모든 사람에게 항상 적용될 수 있는 것이 아니며 특히 건강에 문제가 있는 사람들에게는 더욱 그렇습니다.

구체적인 정보를 원하는 독자들을 위해 좀더 과학적인 내용을 설명하고자 합니다. 하지만 일부 독자의 경우 과학적인 설명이 지나치게 복잡하게 느껴질 수도 있습니다. 따라서 해당 내용을 건너 뛰고 **슈가 프린팅**(Checking for Sugar Prints)으로 넘어가고자 하는 분들께는 과거에 의대에서 가르치지 않았지만 최근의 과학적 결과에 의하면 포도당이 인간이 필요로 하는 나머지 7가지 당영양소로 항상 변환되는 것은 아니라는 점만 지적하고자 합니다.

1988년 11월에 간행된 '**소아과 저널**(The Journal of Pediatrics)'에서 허드슨 프리즈(Hudson Freeze) 박사는 인체의 소화시스템과 관련된 연구를 통해 만노즈(면역에 가장 중요한 당영양소 중의 하나)가 독자적인 경로를 통해 당단백질이 된다는 사실을 밝혔습니다.[35] 그도 한때 포도당만이 인체소화기간을 통해 흡수되어 다른 모든 당영양소로 변환된다고 배웠던 사람 중의 한명입니다. 그러나 다양한 실험 결과 만노즈는 별도의 변환과정을 거치지 않고 독자적으로 흡수되어 직접 당단백질로 활용된다는 내용이 확인되었습니다. 이것이 바로 우리의 신체가 설계된 방식입니다. 물론 이러한 사실 하나만으로 "포도당 유일 이론"의 부족한 부분을 입증하기에 충분하지는 않지만, 적어도 그 이론이 완전하지 못하다는 점을 설명해주기에 모자람이 없습니다.

프리즈 박사는 "당단백질 생합성에 필요한 만노즈는 포도당으로부터 변환되는 것으로 생각되었다. 하지만 포도당이 아닌 만노즈가 부족한 당화를 지원해준다는 사실은 놀라운 일이 아닐 수 없다"고 말했습니다.[35]

1998년 12월, 생리작용에 포도당만이 유일하게 이용되는게 아니라는 주장에 힘을 실어주는 연구가 이루어졌습니다. 이 연구는 방사능 동위원소를 다양한 물질에 부착시켜 혈액을 통해 이동하는 경로와 기능을 추적하는 방식으로 이루어졌습니다. 이 연구를 수행한 과학자들은 갈락토즈, 만노즈, 포도당을 방사능 동위원소로 표시하고 관찰한 결과 갈락토즈와 만노즈가 포도당으로 전환되지 않고 곧바로 인체 당단백질로 활용되어진다는 사실을 확인했습니다. 세포간 정보전달에 관여하는 8개 당영양소 중 적어도 2개가 포도당과는 무관한 별도의 독립된 경로를 갖고 있다는 사실을 확인하는 것만으로도 이 연구는 참으로 놀라운 것이었습니다. 그 후 과학자들은 **당영양소가 비타민, 미네랄, 필수지방산, 필수 아미노산 등과 같이 새로운 유형의 영양소로 분류될 수 있다는 결론을 내렸습니다.**[36]

  1988년 3월 알톤(Alton)등이 수행한 또 다른 연구에서 "포도당 유일 이론"을 반박하는 보다 많은 데이터가 수집되었습니다. 쥐를 대상으로 한 이 연구에서 만노즈 분자가 쥐의 내장에서 혈액으로 신속하게 흡수되고, 수시간 내에 혈액으로부터 말끔히 없어졌다는 사실이 밝혀졌습니다. 이 연구는 또한 기존의 통념과는 달리 배양 조직의 간세포에서 포도당이 아니라 만노즈로부터 당단백질이 합성된다는 사실을 밝혀냈습니다. 위에서 언급한 몇가지 시험들은 한결같이 만노즈를 손상되지 않은 천연의 상태로 섭취하면 내장에서 혈액으로 흡수되고, 다시 혈액에서 세포로 흡수된다는 것을 보여주었습니다. 또한 만노즈는 포도당 없이도 포유동물의 당단백질 합성에 상당하게 기여한다는 것을 보여 주었습니다. 과학자들은 이러한 연구를 바탕으로 "만노즈를 직접 사용하는 것이 포도당을 변환시키는 것보다 더 효과적이다"는 결론을 내렸습니다. 케이크나 사탕에 있는 포도당으로는 건강에 별로 도움이 되지 않는다는 것을 말해주는 것입니다.

  "포도당 유일 이론"을 반박할 수 있는 또 하나의 증거를 소개하겠습니다. "포도당 유일 이론"은 우리의 인체가 포도당을 적당한 형태의 당류로 변환시키는데 필요한 효소를 생산할 수 있다는 가정하게 이루어진 것입니다. 우리의 인체는 "포도당"을 가지고 당영양소를 필요한 만큼 생성하고 전달하는데 관여하는 효소를 충분히 생산해낸다고 믿는 의사들이 많습니다. 하지만 존 액스포드 박사는 류마티스성 질환을 가지고 있는 사람들을 관찰한 결과 주요 당영양소를 전달하는데 필요한 충분한 양의 효소를 가지고 있지 않다는 사실을 밝혀냈습니다.[38, 39]

슈가 프린트 (Sugar Prints)

 "포도당 유일 이론"과 무관하게 질병의 진행 과정과 당영양소 결핍 사이에는 분명한 연관관계가 있습니다. 이러한 상관관계를 입증하기 위해 "슈가 프린팅(Sugar Printing)"이라고 부르는 테스트 방법이 개발되었습니다.

 이 방법을 개발한 학자는 당생물학 분야에서 가장 존경받는 연구자 중의 한 분입니다. 이 과학자의 이름은 존 액스포드(John S. Axford, 의학박사, 왕립내과의사 협회 회원)로 3개의 의학잡지 편집인과 기타 의학 및 건강 관련 학회에서 활동하고 있습니다. 그는 왕립의학협회 면역학 및 알레르기 분과위원회 회장을 역임한 바 있습니다. 액스포드 박사는 50편 이상의 과학적 검토 논문, 100여편의 논문과 2권의 의학교과서를 집필했습니다. 그는 현재 류마티즘 연구에 전념하고 있으며 특히 관절염과 관련한 당생물학에 특히 강한 관심을 가지고 있습니다.

 액스포드 박사는 류머티스 관절염과 루푸스(전신성홍반성낭창)를 포함한 류마티스 질환에서 당영양소인 갈락토즈(락토즈와 구분)를 용도에 맞게 전달시키는 효소와 당화의 관계에 대해 연구하였습니다. 액스포드 박사는 galactosyl-transferase라는 효소와 갈락토즈가 건강한 사람의 경우에서보다 류머티스 관절염과 루푸스 환자의 경우 모두 낮다는 것을 확인했습니다. 그는 또한 질병의 정도가 갈락토즈의 결핍 정도와 직접 관련이 있다는 점도 관찰했습니다.[38,39]

 액스포드 박사는 자신이 발명한 슈가 프린팅 방법을 이용하여 시험한 류마티스 환자들이 매우 독특한 슈가 프린트 패턴을 보인다는 사실도 확인했습니다. 1965년 이래로 당영양소에 대해 많은 연구가 이루어졌지만 모든 비밀과 암호가 풀리지는 않았습니다. 그러나 액스포드 박사의 슈가 프린팅 기술이 개발되어 앞으로 의사들이 혈액속의 당영양소에 대한 프린트 정보를 통해 특정 질병을 진단뿐 아니라 예측도 할 수 있게 될 것입니다.

다시 한번 개인적인 입장에서 액스포드 박사와 다양한 주제에 대해 토의할 수 있던 시간에 대해 영광스럽게 생각하며, 무한한 존경심을 표하는 바입니다. 액스포드 박사는 과학계에서 현존하는 가장 위대한 사람 중의 한명이라는 것을 의심치 않습니다.

2000년 런던에서 활동하던 과학자들은 당생물학과 의학을 주제로 한 왕립의학협회 회의에서 비정상적인 당화와 질병과의 관계에 대해 중요한 사실을 발표했습니다. 이 일은 새 천년을 여는 획기적인 사건이라 생각합니다.

이 책이 발간되는 시점에서 10가지의 류마티스 질환에 대한 연구가 이루어졌으며 각 질환에서 당영양소가 중요한 역할을 수행한다는 사실이 밝혀졌습니다.

비정상적 당화(glycosylation)
- 류마티스성 관절염
- 갈락토즈 수준 감소에 따른 면역글로불린 이상
- 분자 형태 변형, 면역인식 오류
- 갈락토즈 감소에 따른 질병의 심각성
- 슈가 패턴의 변화에 따른 9가지 류마티스성 질환
- 모든 질환은 독특한 슈가 프린트를 갖는다.

- 2000년 왕립의학협회 컨퍼런스, 당생물학 & 의학[88]

이미 언급한 것처럼 액스포드 박사는 **류마티스성 관절염의 심각성**은 8가지 단당류의 하나이자 음식을 통해 섭취할 수 있는 두가지 단당류 중의 한가지인 **갈락토즈의 결핍에 비례한다는 사실을 밝혀냈습니다.** 류마티스성 관절염 환자들은 그러한 당영양소가 너무 부족합니다. 건강하지 못한 사람들이 음식을 통해 섭취해야 할 두가지 당영양소 중 한가지를 충분히 섭취하지 못하는 경우 결핍된 당영양소가 미치는 영향은 무엇이며 효소와는 어떤 관계를 가지고 있는 것일까요?

현재 슈가 프린팅 기술이 더욱 진보되고 있으며 액스포드 박사의 연구에 대해 알고 있는 많은 전문가들이 이러한 기술이 향후 의료검사 분야의 표준이 될 것으로 믿고 있습니다.

한편 프리즈 박사는 '소아과 저널'에서 음식에 포함되어 있는 만노즈의 생체이용률에 대한 정보가 많지 않지만 관련된 당화과정을 담당하기에는 충분히 공급되지 못하고 있다고 말하고 있습니다.[35] 램버그(Ramberg)와 맥애널리(McAnalley)는 광범위한 문헌 연구를 토대로 우리가 먹는 음식만으로는 특정 단당류를 충분히 공급할 수 없다고 결론내렸습니다.[33]

이 책의 중간 부분에 소개되어 있는 자료는[33] 음식의 가공과정시 당이 손실된다는 사실을 통계적으로 보여주고 있습니다. 푸른색 막대그래프는 자연상태에서 수확한 당근에 존재하는 다양한 타입의 당류를 보여주고 있습니다. 반면에 노란 막대그래프는 조리된 당근에 존재하는 당류의 양을 보여줍니다. 조리를 하면 특정 당류는 거의 소실됩니다. 여기에서 주목할 만한 사실은 당근에 단 맛을 제공하는 자당은 그 함량이 매우 높으며 조리 후에도 높은 함량을 유지한다는 점입니다. 하지만 자당과 포도당은 많은 양을 섭취하면 건강에 좋지 못합니다. 또 다른 당분인 과당(fructose)도 조금만 섭취해야 건강에 도움이 됩니다. 다시 말하면 높은 수준의 과당은 높은 수준의 자당만큼 건강에 이롭지 않습니다.

세포간 정보전달과 면역반응 조절을 위해 필요한 당류는 6탄당(6c 헥소

오즈, 탄소가 6개인 분자라는 뜻) 형태의 아미노당인 N-아세틸글루코사민, N-아세틸갈락토사민 및 과학자들이 9탄당으로 분류하고 있는 N-아세틸뉴라민산이 대부분입니다. 물론 이러한 용어는 과학자가 아닌 경우 그다지 신경쓸 필요는 없으며, 단지 정확성을 꾀하기 위해 소개한 것입니다. 대부분의 당단백질 사슬은 5탄당(자일로즈)을 그다지 많이 함유하고 있지 않지만 자일로즈도 다른 것 못지 않게 중요합니다. 앞 차트에서 볼 수 있듯이 당영영소에 속하는 분자는 자당이나 포도당과 비교해볼 때 매우 적은 양만이 존재합니다. 일단 당근을 조리하면 6탄당이나 5탄당 당영양소 분자는 거의 남지 않습니다. 이것이 바로 우리가 당근을 날 것으로 먹어야 하는 이유입니다.

앞서 언급한 것처럼 이러한 당류는 다양한 음식에 포함되어 있습니다. 그러나 우리는 음식만으로는 이 책에서 언급하고 있는 끔찍한 건강 위협, 유독물질 및 다양한 스트레스에 대처할 수 있을 정도의 당류를 섭취하기에는 역부족입니다. 따라서 건강을 유지하고, 인체가 질병에 대항할 수 있는 힘을 갖도록 하기 위해서는 비타민과 미네랄을 포함한 다양한 영양소를 섭취해야 하며, 그 중에서도 특히 당영양소를 보충해주어야 합니다.

 ## 세포의 정보전달 메커니즘

필자는 수차례 세포간 정보전달에 대해 언급했습니다. 여기에서 다시 왜 세포간 정보전달이 중요한지 구체적으로 말씀드리도록 하겠습니다. 세포간 정보전달이라는 개념은 일반인들에게는 금방 와닿지 않는 개념일 수 있습니다. 따라서 평범한 용어를 사용하여 왜 이러한 메커니즘이 중요한지 설명드리겠습니다.

인체 혈액형

(혈액형을 구분하는 것은 바로 적혈구 표면의 당영양소 차이)

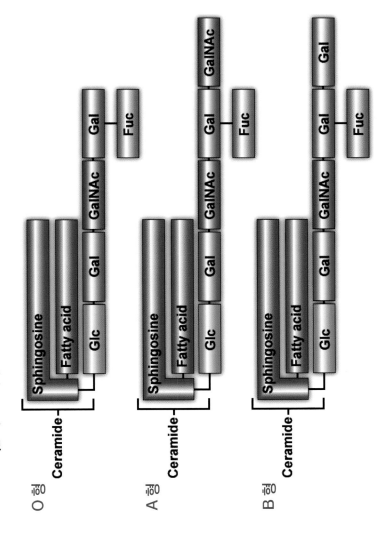

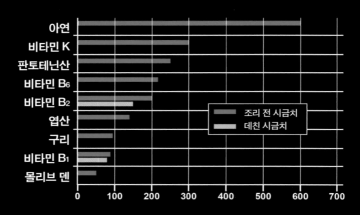

시금치 조리 후 비타민과 미네랄의 손실

시금치 100g 당 영양소 (μg)

아연
비타민 K
판토테닌산
비타민 B₂
비타민 B₆
엽산
구리
비타민 B₁
몰리브 덴

0 100 200 300 400 500 600 700

조리 전 시금치
데친 시금치

Souci, S.W., et al., *Food Composition and Nutrition Tables*, Boca Raton, FL; CRC Press, 2000.

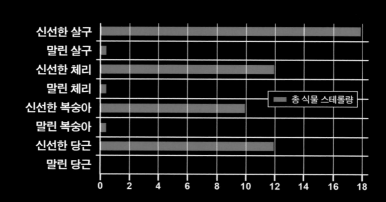

식품 가공 후 식물 스테롤 성분의 손실

식품 100g 당 총 스테롤량 (μg)

신선한 살구
말린 살구
신선한 체리
말린 체리
신선한 복숭아
말린 복숭아
신선한 당근
말린 당근

0 2 4 6 8 10 12 14 16 18

총 식물 스테롤량

Souci, S.W., et al., *Food Composition and Nutrition Tables*, Boca Raton, FL; CRC Press, 2000.

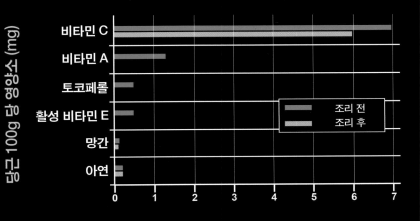

당근 조리 시 항산화성분의 손실

세로축: 당근 100g 당 영양소 (mg)

항목: 비타민 C, 비타민 A, 토코페롤, 활성 비타민 E, 망간, 아연

범례: 조리 전, 조리 후

Souci, S.W., et al., *Food Composition and Nutrition Tables*, Boca Raton, FL; CRC Press, 2000.

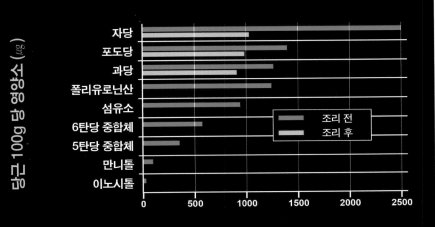

식품 가공에 따른 당류의 손실

세로축: 당근 100g 당 영양소 (μg)

항목: 자당, 포도당, 과당, 폴리유로닌산, 섬유소, 6탄당 중합체, 5탄당 중합체, 만니톨, 이노시톨

범례: 조리 전, 조리 후

Souci, S.W., et al., *Food Composition and Nutrition Tables*, Boca Raton, FL; CRC Press, 2000.

모든 세포는 각자의 완벽한 당단백질 구성을 위한 구성분자로 덮여있다.

혈액에는 우리를 방어하고, 보호하며, 외부의 침입자를 격퇴시킬 준비가 되어 있는 군대가 존재합니다. 이 군대는 우리가 흔히 말하는 백혈구로 구성되어 있습니다. 백혈구에는 다시 면역체계에 중요한 두가지 림프구(특히 T세포와 B세포)가 존재합니다. T세포는 질병을 초래하는 박테리아, 바이러스나 유해물질을 직접 공격하며, 다른 면역체계를 조절하기도 합니다. 반면에 B세포(정찰세포)는 침입자를 중화시키거나 다른 공격 세포가 이들을 파괴할 수 있도록 특별한 추적장치를 부착합니다. 내용을 단순화시키기 위해 계속해서 군대의 예를 들어보겠습니다. 정찰 세포가 하는 일은 박테리아, 바이러스나 암세포와 같이 건강에 해로운 물질을 식별하는 것입니다. 그런데 이 정찰 세포는 상호 대화가 가능해야만 업무를 수행할 수 있으며, 이러한 일이 이루어지기 위해서는 당화가 충분이 이루어져야 합니다.

충분한 당화가 이루어진 정찰세포는 적을 식별하여 추적장치를 부착하고, 세포간 정보전달 물질(신호)을 T세포가 명령을 기다리는 T세포 본부(흉선)에 보냅니다. 만일 이들 세포가 충분한 당화과정을 거쳤다면 면역체계의 본부에 해당하는 흉선이 다시 군인 세포에 신호를 전달합니다. 그리고 군인들은 면역체계 본부를 떠나 정찰 세포가 추적장치를 부착한 세포를 파괴하기 위해 이동합니다.

만일 정찰세포의 당화가 완전치 못하여 불완전한 당단백질을 갖고 있으면 아군과 적군을 구분할 수 없게 되어, 건강한 세포에도 공격을 위한 추적장치를 부착할 수 있습니다. 우리 인체에 존재하는 군인 세포는 단순하게 명령을 따르도록 되어 있어서 추적장치가 부착된 세포를 공격하여 파괴합니다. 이러한 일은 자신의 면역시스템이 자기세포를 공격하는 자가면역 질환에서 쉽게 볼 수 있습니다. 30년 전만해도 자가면역 질환으로 분류된 질병에는 4가지 밖에 없었지만, 지금은 그 수가 무려 80가지가 넘습니다.

우리 인간은 지난 30년동안 그다지 변화하지 않았지만 우리가 살고 있는 환경은 너무 많이 변했기 때문입니다.

지금까지 말씀드린 내용은 면역체계를 지나치게 단순화시킨 것일 수 있습니다. 이미 언급한 것처럼 면역체계에는 여러가지 다른 세포도 존재합니다. 하지만 이책은 면역학 교재가 아니므로 간단하게 설명드린 것입니다. 조금 전에 언급한 것처럼 완벽한 당영양소를 가지고 있지 않은 정찰세포는 우군과 적군 세포를 식별하지 못하고 따라서 추적장치를 부착하지 못합니다. 이 경우 군인 세포는 아무런 일도 하지 않으며 결국 적군 세포가 감염이나 질병을 야기해도 이를 방치하게 됩니다. 면역 체계가 건강 문제에 제대로 반응하지 못할 때 나타나는 문제로 사람들은 질병에서 헤어나지 못하거나 심한 경우 사망에 이르게 되는 것입니다.

건강을 유지하는데 관여하는 요소는 매우 다양하여 어떠한 영양소도 단독적으로는 건강을 유지해주기에는 충분하지 않습니다. 하지만 한가지 분명한 것은 세포간 정보전달이 이루어지지 않으면 좋은 건강을 기대하기 어렵다는 점입니다. 그 이유는 <u>정보전달(신호전달)체계가 이루어지지 않으면 제아무리 좋은 영양소라도 올바로 활용될 수 없기 때문입니다.</u>

 ## 매일 매일을 "글리코-데이"가 되도록 하십시오.

지금까지 서양에서 이루어진 대체의학(또는 보완의학)과 관련한 지식은 서구식 생의학적 사고에서 나온 것입니다. 하지만 이번에는 한의학의 예를 들어보겠습니다. 한의학은 그 명칭이 암시하듯이, 허브 물질을 의약품으로 사용하는 것을 말합니다. 한의학에서는 증상을 완화시키기 위해 허브를 사용하며, 이 허브가 우리의 신체가 필요로 하는 것을 공급하여(의약품 약물보다 유독성이 적음) 우리 신체를 방어, 치유 및 복원시켜 줍니다.

비타민과 미네랄은 우리 신체가 가지고 있는 여러가지 다양한 기능과 함께 건강한 세포의 기능을 조정하는데 필수적인 영양소입니다. 반면에 당영양소 및 관련된 단백질은 세포간 정보전달에 필수적입니다. 만일 우리의 세포가 서로 정보를 전달하지 못하면 우리의 신체는 아무런 기능도 하지 못하며 따라서 건강과 관련하여 아무런 희망도 가질 수 없습니다. 이것이 당영양소가 MIT에 의해 20세기에 이루어진 발견 중 가장 유망한 기술로 선정될 정도로 인류 건강을 위해 필수적인 영양소가 될 수 밖에 없는 이유입니다.

여러분의 주치의들은 세포간 정보전달이 아미노산을 통해 이루어진다고 배웠습니다. 하지만 일단 의대를 나오면 공부할 기회가 거의 없습니다. 그리고 설령 여러분의 주치의가 지난 주에 대학을 졸업했다하더라도 지금 말하고 있는 정보에 대해서는 모르고 있을 가능성이 매우 높습니다. 기존의 이론은 아미노산이 오직 두가지 방법에 의해서만 결합될 수 있다는 점에서 한계를 가지고 있습니다. A와 B는 AB 또는 BA로 밖에는 결합되지 않습니다. 그러나 **당영양소는 링구조를 가지고 있습니다.** 탄소구조에 산소 분자와 수소 분자가 결합된 구조를 가지고 있어서 당분이 거의 무한한 방법으로 결합될 수 있도록 해줍니다. 이것이 복잡한 세포간 정보전달을 가능하게 해주는 최적의 도구가 됩니다. 이 복잡한 표현방식을 통해 세포와 세포 사이의 정보전달에 필요한 거의 모든 정보를 표현할 수 있게 됩니다.

당영양소는 다음과 같은 특징을 가지고 있습니다:
- 링구조
- 산소와 수소가 결합된 탄소 골격
- 무한한 결합 방법

D-글루코즈
(개방형 사슬 형태)

α-D-글루코 피랜노즈
(고리형 글루코즈)

최근까지 의대에서 가르친 것 중에는 부정확한 것이 많다는 것을 보셨습니다. 하지만 이것은 의사의 잘못이 아닙니다. 의사가 모든 현상의 변화에 순식간에 대응할 것을 기대할 수는 없는 노릇이기 때문입니다. 의사는 직업 상 매우 분주할 뿐더러 주변에는 다양한 간행물 및 잡지가 넘쳐흐르고 있습니다. 또한 매년 25만 페이지에 달하는 보조식품과 관련한 정보가 과학 기사에 소개되고 있습니다. 어떤 사람도 이러한 정보에 신속하게 보조를 맞출 수는 없으며 여러분의 주치의도 예외는 아닙니다. 따라서 그들에게 이 책을 소개하면 자신의 환자를 위해 현재 이루어지고 있는 중요한 정보를 얻는데 도움이 될 수 있을 것입니다.

이번에는 다른 관점에서 당영양소의 중요성에 대해 설명드리고자 합니다. **모든 세포는 그 종류와 관계없이 (뇌세포, 간세포, 신장세포, 면역세포, 생식세포, 눈이나 피부에 있는 세포) 세포간 정보전달 및 기타 중요 기능을 위해 8가지 당영양소를 필요로 합니다.** 8가지 당영양소가 항상 필요한 곳에 정확히 공급되고 있는지에 대해서는 확신할 수 없습니다. 따라서 우리가 누구든, 어디에 살든, 나이나 성별 또는 건강 상태와 관계없이 최적의 건강을 달성하고 유지하기 위해 당영양소를 매일매일 자신의 건강 계획의 일부가 되도록 해야합니다.

당영양소는 다음과 같은 인체 기능에 절대적으로 필요한 영양소입니다[36]:
- 정상적인 세포 기능
- 세포의 면역 기능
- 인식 및 반응
- 항체 기능
- 신호 전달 및 재생

    당영양소가 모든 신체 기능에 중요하다는 사실은 지속적인 연구를 통해 확고하게 자리잡아가고 있습니다. 이 책을 출간한 시점에서 과학자들은 최소한 12가지의 선천성 당화장애(CDG)를 확인하였습니다.[35] 당화작용이 완벽하게 이루어지지 못하는 경우 다양한 건강문제(사망 포함)가 발생할 수 있습니다. 영아돌연사증후군(SIDS)과 같이 갑작스러운 사망으로 이어지는 가슴 아픈 질병도 이러한 결함 중의 하나로 확인되었습니다. 의사들은 당영양소에 대해 교육받지 못했기 때문에 이러한 질병에 대해 대부분 정확한 진단을 하지 못하고 넘어가는 경향이 있으며, 당영양소를 바탕으로 한 접근방법에 대해서는 생각조차 못합니다. **당영양소의 결핍이 세포의 의사소통에 장애를 초래하여 결과적으로 우리 인간에게 끔찍한 질병으로 발전할 수 있습니다.**

 ## 선천성당화장애(CDG)

1980년에 최초로 임상 보고
- 사망을 포함한 최소 12가지 임상 결과(2판 간행 시점 기준)
- 대부분의 장애가 진단되지 않음

- 영아돌연사증후군을 포함한 이유없는 질병의 원인
- "만노즈, 퓨코즈와 포도당을 포함한 당영양소가 치유효과는 물론 생명을 구하는 효과까지 있다는 사실이 보고 되고 있다."
  - 2000년 왕립의학협회 컨퍼런스, 당생물학 & 의학[38]

 당영양소가 선천성당화장애 증상에서 비정상적인 당단백질을 교정해줄 수 있을까요?

물론입니다. 당영양소가 선천성당화장애 상태에서 비정상적인 당단백질을 올바르게 교정해주는 경우가 확인되었습니다. 또한 지금까지 의사들이 유전적인 요인이라 판단하여 손을 놓고 있던 질병이나 건강 문제들도 포함됩니다. **당영양소가 상당수의 선천성 장애를 교정할 수 있다는 것을 보여주는 과학적인 증거가 잇달아 보고되고 있습니다. 따라서 과거에는 꿈꾸지도 못한 치료법에 대해 희망을 가질 수 있게 되었습니다.**

지금까지 발견된 12가지 장애는 빙산의 일각에 불과할 뿐입니다. 따라서 설명할 수 없는 임상학적 상태를 가지고 있는 환자들의 경우 선천성당화장애에 대해 의심해보아야 합니다. 아래 소개한 웹사이트에서 당영양소와 선청성당화장애와 같은 키워드를 검색하면 좋은 정보를 접할 수 있습니다.

선천성당화장애와 관련된 유용한 정보 출처로는 www.cdgs.com과 OMIM[TM] (유전병 및 유전자 정보를 제공하는 무료 사이트, 인간에 나타난 멘델의 유전)을 들 수 있습니다.[40] 또 다른 정보 출처로는 존스 홉킨스 대학 맥쿠직-네이단(McKusick-Nathan)유전의학 연구소와, 미국의학도서관 바이오테크 정보 센터(http://www.ncbi.nlm.nih.gov/omim)를 들 수 있습니다.

당영양소와 관련된 주요 건강 문제

지금까지의 과학 자료를 통해 당영양소가 다음의 질환에 매우 유용하다는 사실이 확인되었습니다.

- **천식** : 만노즈와 N-아세틸갈락토사민[41]
- 접촉성 피부염을 포함한 **알러지** : 퓨코즈[42]
- 과민성 **기관지** 질환 : N-아세틸뉴라민산(NANA)[43]
- **암** : 만노즈, 퓨코즈, 글리코사민과 갈락토즈[44]
- **염증** : N-아세틸갈락토사민 및 N-아세틸글루코사민[45]
- **감염** : 만노즈과 N-아세틸뉴라민산(NANA)[46]
- **말라리아** : N-아세틸뉴라민산(NANA)[47, 48]

당연한 이야기지만 의사들은 자신이 알지 못하는 영양소에 대해서는 매우 조심스럽습니다. 이것이 바로 미래 지향적인 교육 자료가 제공되어야 하는 이유입니다. 그러나 옛날 속담에도 있듯이 "말을 물가에 데려갈 수는 있지만 억지로 물을 먹일 수는 없는 것" 입니다. 하지만 적어도 그러한 노력은 지속해야 합니다. 필자도 이 책을 통해 바로 그러한 역할을 하고자 하는 것입니다.

자가 면역과 관련한 문제

의사들은 자극이나 억제와 같은 방법으로 면역체계에 영향을 미치는 것들에 대해 익숙해져 있습니다. 그러나 제약산업은 생체항상성(homeostasis), 즉 우리의 신체가 균형을 유지하도록 해주는 안전한 천연물질에 대해서는 아직도 익숙해져 있지 않습니다.

내피세포 표면 단백질의 당단백질은 이식 거부반응을 제어하는 일에 관여합니다. 이것은 매우 많은 논란의 대상이 되고 있는 분야입니다. 당영양소에 대해 알고 있는 의사들은 당영양소가 면역기능을 개선시켜준다는 것을 알고 있지만, 그렇지 않은 의사들은 매우 조심스러운 태도를 보입니다. 당영양소에 대해 교육을 받지 않은 의사의 경우 이식환자나, 면역억제제를 사용하고 있는 사람이 방문하여 당영양소에 대해 물으면 그들은 "면역 촉진제이니 먹지 말라"고 말할 것임에 틀림없습니다. <u>그러나 완전하고 균형잡힌 당영양소는 면역반응촉진제가 아니라 면역반응 조절제라고 말할 수 있습니다.</u> 면역반응 조절물질은 면역 시스템이 균형을 이루도록 해주는 물질로서 자극이나 억제가 일어나지 않도록 해줍니다.

면역질환의 두가지 측면

루프스는 면역시스템이 지나치게 강하게 작용하여 자기자신에까지 영향을 미치는 경우에 생기는 자가면역 질환을 말합니다. 이와는 반대로 만성피로증후군과 섬유근육통증후군은 면역 기능이 약해서 면역기능을 촉진시켜야 하는 질환을 말합니다. 어떤 경우든 당영양소를 섭취하면 거의 모든 측면에서 건강이 개선되는 것을 볼 수 있습니다.[49, 50, 51]

이것은 자가면역 질환인 경우 면역 기능을 하향 조정해야 함을 뜻합니다. 면역력 저하의 문제가 있는 경우 면역 기능을 상향 조정해야 합니다. 이러한 균형이 유지될 때만이 진정한 의미의 건강함이 가능한 것입니다.

의사 교육을 위한 지원

　자가면역 문제가 됐든 면역력 저하의 문제가 됐든 개인이 직접 진단하거나 처방하는 일은 금물이며 반드시 의사의 도움을 받을 것을 강력히 권합니다. 물론 대부분의 의사들이 이 분야에 대한 보수교육의 부재로 심각하거나 치명적인 질환이 진단되지 못하고 넘어가는 경우가 있습니다. 따라서 여러분이 당영양소에 대해 의사가 관심을 가질 수 있도록 도와주는 역할을 해주셔야 합니다.

　하지만 문제는 의사가 이 분야에 대해 경청하려 들지 않거나 거부할 수도 있습니다. 이 경우에는 다음과 같은 두가지 대처방법을 말씀드리고 싶습니다. 첫째, 거부를 표시하는 의사를 만나는 경우 그 의사가 당영양소에 대해 교육을 받은 분인가를 확인하십시오. 만일 그 의사가 전문가가 아니라면 다른 사람에게 조언을 해줄 수 없기 때문입니다. 둘째, 의사가 여러분의 말에 귀 기울이지 않는 경우 다른 의사를 찾아가면 됩니다. 고객의 건강을 위한 답변을 찾는 것보다 자신의 자존심을 더욱 소중하게 생각하는 의사는 여러분의 시간만 낭비하게 할 뿐입니다.

이식 환자의 당영양소 사용

　이번에는 이식과 관련하여 말씀드리겠습니다. 장기이식의 경우 절대적으로 써야되느냐 말아야 되느냐의 답을 원하겠지만 이러한 문제는 여러분과 의사 사이에 이루어질 대화의 주제입니다. 중요한 것은 결정이 이루어지기 전에 의사에게 충분한 정보를 제공해야 한다는 점입니다. 그렇지 않으면 올바른 서비스가 제공될 수 없을 뿐더러 바람직한 의료행위가 이루어질 수 없게 됩니다. 필자의 생각으로는 현재 지구상에는 65억명이 당영양소를 필요로 하고 있었습니다. 따라서 당영양소가 모든 사람의 건강지원 프로그램의 일부가 되어야 한다고 확신합니다. 심각한 질병 상황에 처해 있는 경우에는 당영양소에 대해 전문적인 교육을 받은 의사와 상의해야 합니다. 이식 환자도 예외는 아닙니다. 이식 환자는 건강이 극단적으로 손상되어 있거나, 어쩌면 애당초부터 이식을 필요로 하지 않을 지도 모릅니다. 이러한 분들은 이식과 관련된 합병증으로 인한 위험도 매우 높습니다. 의사들은 잘 알지 못하면 정확한 결정을 내릴 수 없습니다. 따라서 만일 이식을 담당하고 있는 의사가 당영양소에 대해 교육받지 않은 경우 인터넷에 접속하여 당영양소의 면역반응 조절과 당영양소의 안전성에 대해 공부해야 합니다. 그리고 더 많은 것을 배우려는 마음이 있다면 다른 분야까지 찾아보아야 합니다.

당영양소의 사용과 관련된 결정에는 반드시 전문적으로 교육받은 의사가 포함되어야 합니다. 특정 의사가 당영양소의 사용방법에 대해 특별하게 교육 받지 못한 경우 자신의 환자에게 당영양소의 올바른 사용 방법을 얘기해줄 수는 없기 때문입니다.

이미 언급한 것처럼 당영양소는 식품이지 약품이 아닙니다. 균형잡힌 당영양소의 안전성은 이미 완벽하게 입증되어 있습니다.[57] 그러나 에크나시아의 경우에서와 같이 일부 당영양소만을 결합시켜 면역기능 촉진제로 사용할 수도 있습니다. 그러나 특정 복합성분에 함유되어 있는 아라비노즈와 갈락토즈 대 퓨코즈와 만노즈 비율이 올바르다면 면역 촉진제라기보다는 면역반응 조절제로 기능할 것입니다. 따라서 올바른 성분을 사용하고 있는지 확인하기 위해서는 당영양소에 대해 교육을 받은 의사의 진단을 받아야 합니다.

식세포 활동을 통해 선천적 면역시스템에 기여하는 백혈구 세포, 내피세포, 섬유아세포나 기타 세포는 당단백질에 의해 조절됩니다. 면역조절물질(Adaptive immune effector)도 당화과정을 거칩니다.[58] 이처럼 완전한 당단백질은 상처의 치유에 필수적이며 암, 염증이나 기타 세포의 성장과 사멸과 관련있는 임상 상황에서도 필수적입니다.[39]

 ## 암 환자의 당영양소 사용

일부 의사들은 아직 잘 알려져 있지 않은 암 분야에서도 용기있는 행동을 취하여 당영양소가 암을 포함한 세포 기능의 전반적인 문제에서 필수적이라는 사실을 발견했습니다. 종양학자인 글렌 하이랜드(Glen Hyland) 박사는 127명의 환자를 대상으로 시험을 실시하였으며, 그 중 100명이 테스트를 완료했습니다. 이 테스트 결과를 통해 글렌 하이랜드 박사는 당영양소는 전혀 해가 없을 뿐만 아니라 화학요법이나 방사선 치료에 반응하지 않는 환자들조차 회복된다는 사실을 발견했습니다. 바꾸어 말하면 당영양소가 생명활동에 정말 중요하다는 것을 말합니다.[52] 하이랜드 박사는 이러한 실험적인 연구내용을 발표하여 전세계의 주목을 끌었습니다.

 ## 건강식품의 사용과 관련한 암치료중인 환자의 신체 반응

하이랜드 박사는 3개주에 모인 100명의 암환자들에게 표준방사선 치료와 화학요법을 받는 동안 다양한 건강식품을 함께 사용하였으며, 테스트 결과를 다음과 같이 발표하였습니다:
- 표준 치료법이 항산화제와 미량영양소를 포함하고 있는 건강식품에

의해 장애를 받지 않았다.

- 방사선 치료와 화학요법의 효과가 보다 증진되었다.
- 정상적인 세포(골수, 간, 신장, 점막기저 세포)가 방사선이나
  화학요법 치료의 부작용으로 인한 손상으로부터 보호받았다.
- 육종과 같이 표준치료법에 반응하지 않는 악성종양이 양자를
  결합시킨 치료에 반응하였다.
- 치료를 받는 동안 삶의 질이 현저하게 개선되었다.

- 글렌 하이랜드, 1999[52]

　　이 연구조사가 가지고 있는 건강 개선효과의 의미를 이해할 수
있습니까? 하이랜드 박사는 환자들의 삶의 질이 극적으로 개선된 반면,
건강한 세포에 대한 손상이 전혀 없고 화학요법와 방사선 치료의
부정적인 효과가 현격하게 감소되었다는 사실을 확인했습니다.

　　암과 관련하여 주목할 만한 가치가 있는 또 다른 논문에 대해서도 간단
하게 언급하고자 합니다. "대장암을 앓고 있는 나이든 여성이 표준 치료법
으로 치료를 받았다(수술, 방사선 및 화학요법). 이 환자는 치료에 매우 잘
응했으며, 암 진단을 받은 후 하루에 1~2회씩 2~4그램의 당영양소를 섭취
했다. 이 보고는 2년에 걸쳐 이루어졌으며 그 기간동안 IV 5-FU 두차례, 경
구 및 국소 5-FU를 각각 한차례씩 받았다.

　　환자는 마지막 두번의 5-FU 시 가벼운 설사와 피곤감을 느꼈을 뿐이며
모발손실, 구강궤양 형성이나 구역질 및 구토와 같은 기타 영향을 보이
지 않았다. 이 여성 환자는 수술 후에도 신속하게 회복했으며 별다른 부
작용 없이 방사선 치료도 잘 견뎌내었다. 암치료에 대한 놀라운 저항력
은 영양요법이 암환자의 삶의 질을 개선시키는데 중요하다는 사실을 보
여준다."[53]

모발 손실, 구강궤양 형성과 구토를 포함한 부작용이 상대적으로
적은 암치료법을 상상할 수 있습니까? 암치료를 받는 당사자의
입장에서 볼 때 부작용을 줄이고 치료를 참아내는 것보다 더 나은 것이
과연 무엇일까요? 당영양소는 현대 의학을 지원하는
가장 좋은 보완 요법이 될 수 있는 것입니다.

당화 (glycosylation)의 이해

이제 당영양소가 무엇이며, 이 영양소가 건강에 미치는 중요성에 대해
이해하게 되었으므로 남은 문제는 어느 정도의 양을 섭취해야 하는가 하
는 문제뿐입니다. 하지만 이것은 생각만큼 간단한 것은 아닙니다. 대부분
의 현대인들은 약품에 조건반응하도록 길들여져 왔습니다. 예를 들어 박
테리아에 의한 감염이 있는 경우 보통 10일동안 매일 3차례에 걸쳐 500mg
의 항생제를 처방받습니다. 이 양은 신뢰할 수 있는 연구를 통해 파악된 평
균 수치입니다.

약품은 생화학 시스템이나 생화학 반응을 바탕으로 제조되며 천연 물질
보다 예측 가능성이 상대적으로 높습니다. 그러나 불행스럽게도 의사의
실수가 아닌 올바르게 처방된 의약품의 사용으로 인한 사망이 북미에서
보고되는 사망원인 중 네번째에 속합니다. 이처럼 인위적으로 제조되어
예측가능성이 높은 약품이라도 사용량과 사용시기에 대해서는 완벽한 예
측이 가능하지 않은 것입니다.

식품에 대해 정확한 사용량을 매기는 것이 가능한 일일까요?

　당영양소는 모든 세포에 필요합니다. 모든 세포가 동일한 순간에 태어나서 예측가능한 시점에 모두 사멸한다면 필요한 영양소를 정확하게 예측할 수 있을 것입니다. 하지만 현실은 그렇지 못합니다. 그리고 우리는 대부분 당영양소의 경구섭취를 통해 모든 인체 세포의 올바른 당화(glycosylation)를 유지하고자합니다.

　세포는 주기적으로 생성과 사멸을 지속하는 반면, 수십조에 달하는 세포는 종류에 따라 그 수명 주기가 다릅니다. 일부 세포는 도표에서 볼 수 있듯이 수시간 동안만 생존하며, 일부 세포는 수명이 수년에 달하기도 하며, 또 다른 세포는 수명이 그 중간 정도에 그치는 것도 있습니다.[54]

인체 세포의 수명 주기

세포의 종류	수명 주기
과립성백혈구 : 호산구, 호염구, 호중구	10시간 ~3일
위벽 세포	2일
정자 세포	2~3일
대장 세포	3~4일
소장 상피 세포	1주 이내
혈소판 세포	10일
피부 상피 세포	2~4주
임파구	2개월에서부터 1년 이상
적혈구	4개월
대식 세포	수개월~수년
내피 세포	수개월~수년
췌장 세포	1년 이상
뼈 세포	25~30년

우리는 어떤 세포가 당영양소로부터 완벽한 지원을 받을 수 있는지도 모르고, 얼마나 많은 사람들이 보조식품을 통해 세포가 필요로 하는 당영양소를 공급받을 수 있는지도 예측할 수도 없습니다. 이론적으론 현재 개발된 당영양소 복합물을 1회 경구섭취하는 경우 50만개의 세포에 필요한 당영양소를 공급할 수 있습니다. 그리고 이들 중 10만개의 세포는 지속적으로 생존하고 나머지 40만개의 세포는 곧 사멸됩니다. 사멸된 세포는 8개의 필수 당영양소를 필요로 하는 세포로 대체되지만, 그러기 위해서는 그 순간, 필요한 당영양소가 추가적으로 공급되어야 합니다.

당영양소는 세포의 활성기능과 구조의 회복에 필수적인 영양소라는 점을 기억하십시오. 당영양소를 우리가 원하는대로 새로운 세포에 전달하지 못하면 세포의 당화도 무작위로 이루어집니다. 당영양소는 식품이지 약품이 아니므로 약품과 같이 작용할 것을 기대해서도 안됩니다. 위의 예를 볼 때 적어도 이론적으로는 당영양소를 섭취한 다음 수분 후에 한번 더 당영양소를 섭취하면 도움이 될 수 있습니다. 예를 들어 매일 3그램의 당영양소 복합물을 섭취해야 한다면 한번에 3그램을 섭취하는 것보다는 3회에 걸쳐 각각 1그램을 섭취하는 것이 더 좋은 결과를 나타낼 수 있는 것입니다.

하지만 문제를 더욱 복잡하게 만드는 것은 많은 당영양소가 10일 이하의 반감기를 가지고 있어서 매우 짧은 시간동안에 생성과 소멸을 반복한다는 것입니다. 간단히 말하면 몇몇 세포의 수용체는 당 영양소를 10일이내만 보유하고 있을 수 있다는 것입니다. 이 점을 고려하여 우리는 지속적으로 당영양소를 공급함으로써 새로운 당단백질 합성이 이루어지도록 해야 합니다. 특히 건강문제가 있는 경우 수개월동안 세포를 완벽하게 당화된 상태로 유지시켜 건강을 회복하게 해주어야 합니다. 당영양소는 약품의 경우처럼 특정 기간동안이나 건강을 되찾을 때까지만 섭취하는 것이 아니라 평생동안 매일 사용하는 것이 중요합니다. 우리는 생존을 위해 매일 음식을 먹어야 하며, 당영양소는 우리의 세포에 줄 수 있는 가장 중요한 음식인 것입니다. 우리는 포도당의 전환기능이 어떤 경우든지 올바르게 작동할지 알 수 없을 뿐만 아니라 현대인의 식단이 우리가 필요로 하는 모든 당영양소를 제공해 주는지에 대해서도 확신할 수 없으므로 모든 세포가 필요로 하는 당영양소를 보조식품의 형태로 섭취함으로써 매일 제공해야 합니다.

 ## 영양소 우선 할당 이론 ; 개인적 이론

필자의 경험을 통해 볼 때 또 다른 중요한 문제는 우리의 신체가 가지고 있는 "영양소 우선할당 이론(threat priority list)"입니다. 이것은 엄격한 시험을 거치기 이전 단계에 있는, 필자가 개발한 이론입니다. 이 이론은 물론 적절한 연구를 통해 객관적으로 입증될 때까지는 이론의 지위를 벗어나지는 못할 것이지만 오랫동안의 임상 관찰을 통해 볼 때 충분히 신뢰할만한 것이라고 믿습니다.

그렇다면 "영양소 우선할당 이론"이 무엇일까요? 필자는 관찰을 통해 우리의 신체는 건강에 가장 중요한 것부터 먼저 영양소를 이용하도록 한다는 사실을 발견했습니다. 우리는 다양한 질병이 동시에 진행될 수 있다는 사실을 잘 알고 있습니다. 하지만 정작 이러한 질병을 가지고 있는 사람들은 그 사실을 깨닫지 못할 수 있습니다. 유방암이 그 좋은 예입니다. 필자가 유방암을 예로 든 것은 대부분의 사람들이 과거에 유방암을 가진 사람을 주위에서 볼 수 있었거나 앞으로 볼 수 있기 때문입니다.

유방암 진단을 받은 사람들은 전혀 건강에 이상이 없었는데 갑자기 암 선고를 받았다고 얘기하는 경우가 보통입니다. 유방암은 체내에 발생된 후 5~30년 동안 그 증상을 느끼지 못할 수 있습니다. 반면에 섬유근육통증후군(fibromyalgia)에 걸리면 자각증세가 뚜렷하게 나타납니다. 그런데 문제는 이 두가지 질병이 동시에 진행되고 있을 때, 유방암에 대해서는 잘 인식하지 못한다는 것입니다. 그 이유는 유방암이 특정 시점에 도달할 때까지는 진단되지 않거나 증상이 나타나지 않기 때문입니다.

이 경우 매일 당영양소를 섭취하여도 섬유근육통이 개선되지 않는 것처럼 보일 수가 있습니다. 그것은 당영양소가 보다 심각한 질병과 싸우기 위해 사용되어 섬유근육통의 치료를 위해 거의 사용되지 못하거나 전혀 사용되지 못하기 때문입니다. 섬유근육통증후군이 고통스러운 것이기는 하지만 생명을 위협하는 것은 아니라고 생각하기 때문에 영양소를 암의 치유에 우선적으로 사용하는 것입니다.

우리의 인체가 가지고 있는 최우선 과제는 편안함을 추구하는 것이 아니라 생명을 유지하는 것입니다.

필자는 10여년 동안 섬유근육통증후군을 앓고 있었지만 단 며칠만에 삶의 질이 개선되는 것을 경험한 사람들을 목격했습니다. 또한 동일한 개선 효과를 경험하는데 수개월이 걸린 환자도 보았습니다. 후자의 경우 자각하지 못하거나 진단받지 않은 심각한 질병이 환자의 체내에서 진행되고 있다고 의심해볼 수 있습니다. 이러한 시나리오는 거의 모든 형태의 질병에 대해서 생각해볼 수 있습니다.

그렇다면 당영양소를 섭취한 결과가 나타날 때까지는 어느 정도의 시간이 걸릴까요? 많은 경우 당영양소를 며칠만 사용하고서도 기적과 같은 놀라운 결과를 경험할 수 있습니다. 하지만 그렇지 않은 경우도 있습니다. 그 이유는 우리 각자가 생화학적으로나 유전학적으로 매우 독특한 특성을 가지고 있기 때문입니다. 또한 당영양소는 약품이 아니라 식품이므로 약품과 같은 방식으로 식품의 효과에 대해 시간을 예측할 수는 없는 것입니다 우리의 신체가 건강을 위해 원래 의도된 대로 되기 위해서는 적절한 도구를 가지고 있어야 합니다. 모든 세포는 또한 각각 수명주기가 다르고, 어떤 세포가 어느 정도의 당영양소에 의해 당화되는지 측정할 수 있는 방법도 없습니다.[54] 따라서 당영양소는 증상을 없애주는 의약품이 아니라 최적의 건강을 지원하는 생활의 일부로 고려해야 합니다. 필자는 이러한 점을 고려하여 당영양소의 사용량과 시간에 대해 제안하고자 합니다. 하지만 이러한 제안내용은 특정한 질병을 기준으로 정한 것이 아니라 일반적인 가이드라인이라는 점을 기억해야 합니다.

 ## 당영양소 섭취 제안

우선 당영양소를 사용하기 전에 몸속을 정화하는 것이 좋습니다. 물론 정화 전에 당영양소를 섭취하면 영양학적인 혜택을 받을 수 없다는 것을 의미하는 것은 아니지만, 정화를 통해 보다 큰 효과를 볼 수 있습니다. 그럼 다음과 같은 방법을 제안합니다.

 ## 정화와 관련한 가이드라인

- 가벼운 음식을 먹거나 단식한다.
- 단백질이 많은 음식을 많이 먹으면 해독작용을 방해한다.
- 정화기간 동안에는 신선한 과일과 야채를 주로 섭취하고 조리된 음식은 피한다.
- 쥬스만을 이용한 식단을 택하는 경우 이 분야에서 경험이 풍부한

의사의 지시에 따른다.
- 하루 8잔 이상의 물을 마신다. 가능한 경우 하루 종일 물을 조금씩 섭취한다
- 해독이 이루어지는 동안 증류된 물을 마신다. 단, 2주일을 초과해서는 안된다.
- 정화작업은 인체가 유해물질에 어느 정도 노출되었는지에 따라 2~14일 정도가 소요된다.
- 그 이후에는 정수된 물을 마신다.
- 적어도 한 잔 정도는 1/4분량의 레몬을 짜넣은 물을 마신다. 이상적인 분량은 하루 4잔 정도이다.
- 잠자리에 들기 전에 10그램의 수용성 섬유질을 섭취한다. 귀리나 차전자(psyllium) 섬유질이 좋다.

정화에 대해 전문 지식을 가지고 있는 의사로부터 정화 과정을 보조할 수 있는 영양소에 대해 조언을 구하십시오. 참고로 정화에 도움이 되는 음식에는 다음과 같은 것들이 포함됩니다:

- 복합비타민/미네랄 보조식품
- 엉겅퀴(Milk thistle)
- 근대 분말
- 민들레뿌리 추출 분말
- 식물성추출 보조식품
- SAM-e

이상의 추천 내용은 일반적인 정화 작업을 위한 것으로 간, 담낭, 구충 목적을 위한 경우는 보다 복잡해서 이 책에서는 다루지 않습니다.

당영양소를 사용하기 전에 정화 과정을 거치면 효과를 극대화시킬 수 있습니다. 그렇지 않은 경우에는 명현반응을 경험할 수 있습니다. 우리가 어디에 살든 인체 내부에는 매일 매시간 조금씩 독소가 축적됩니다. 이들은 신체 내부에 축적되어 신체가 극단적으로 약화될 때까지는 관련된 증

상을 알아차릴 수 없습니다. 당영양소는 생체실험을 통해 세포간 정보전달과 면역기능 조절이라는 혜택 이외에도 글루타치온 수준을 증가시키는 것으로 나타났습니다.[55, 56] 글루타치온은 혈액내에서 항산화제 역할을 하는 것은 물론 신체의 해독 효과를 증가시키도록 해줍니다.

당영양소가 아닌 유해물질이 명현반응을 일으킵니다.

신체 내부에 있는 화학독소가 제거되면서 이들 독소와 관련된 증상을 경험할 수 있습니다. 여기에는 피부의 붉은 반점, 두통, 구토, 불쾌감, 우울증, 피로와 위장장애 외에도 인간이 만들어낸 7만5천 가지의 합성 화학물질과 관련된 다양한 증상이 나타날 수 있습니다. 하지만 당영양소를 섭취하기 전에 정화작업을 하는 경우 명현반응을 겪을 가능성이 그만큼 줄어듭니다. 그러나 어떤 경우가 됐던 명현반응이 전혀 나타나지 않는 경우는 없습니다. 따라서 당영양소에 대해 경험을 가진 의사로부터 개인적인 건강상태를 고려하여 당영양소를 가장 효과적으로 활용할 수 있는 방법에 대해 도움을 받으시기 바랍니다.

당영양소의 안전성에 대해 의사와 함께 공유할 수 있는 유용한 논문을 소개해드립니다. 이 논문에는 각 당류에 대한 안전성을 나타내는 도표가 소개되어 있습니다. 이 자료는 여러분의 의사에게 당영양소가 안전하다는 사실을 확신시켜주고자 할 때 편리하게 사용할 수 있을 것입니다.[57] 정부가 승인한 다양한 약품들이 매년 10만여명의 목숨을 앗아가고 있지만 당영양소는 10여년 동안 그 어느 곳에서도 사람의 목숨을 빼앗아가지 않았습니다. "당영양소는 정말 안전한가"라는 질문에 대한 답변은 10년 동안의 결과가 말해주고 있습니다. 다시 한번 말씀드리지만 당영영소는 약이 아니라 식품입니다.

그렇다면 어느 정도 사용하는 것이 이상적일까요?

독자들은 잘 모르시겠지만 현대 인간에게는 수천가지의 질병이 존재합니다. 따라서 음식만으로 이러한 문제를 해결하는 것은 불가능합니다. 반면에 당영양소는 인체에 존재하는 모든 세포의 정상적인 구조와 기능을 위해 반드시 필요한 영양소입니다. 그렇다면 과연 얼마나 사용해야 할까요?

필자가 개업의로 활동하던 마지막 3년동안 당영양소와 관련하여 다양한 양과 다양한 사용주기를 바탕으로 환자들을 추적하는 연구를 실시했습니다. 각각의 질병에 대한 최적의 사용법을 확립하기 위하여 혈액 검사와 소변 검사를 실시하였습니다. 이 연구를 통해 다양한 질병 상태에 있는 사람들에게 동일한 사용량을 적용하는 것은 불가능하다는 사실을 발견했습니다. 이것은 앞에서 언급했듯이 당영양소의 사용량과 사용시기에 가장 중요한 영향을 미치는 세포 수명주기와 당화는 개개인의 독특한 생화학적 특성에 기인한 것입니다. 아울러 심리적, 생리적, 식품 및 환경으로 인한 스트레스도 면역 체계에 영향을 미치지만 항상 일정한 수준은 아니어서 예측이 쉽지 않습니다. 따라서 필자가 추적한 평균치를 바탕으로 이상적인 3가지 당영양소 사용법에 대해 제안하고자 합니다.

필자는 한때 임상응용뉴트리션(Applied Clinical Nutrition)을 위한 PDR를 발행했으며 수많은 의사들이 매번 새로운 책이 나올 때마다 구매하여 임상에서 활용할 정도로 매우 인기가 높았으며 환자를 진료하는데 상당히 도움이 되었다고 종종 얘기를 들었습니다. 또한 필자가 제안한 모든 영양소는 검사 자료를 바탕으로 비교적 손쉽고 정확하게 예측할 수 있습니다. 그러나 이러한 영양소는 그 어떤 것도 세포가 수행하는 모든 기능을 위해 필요한 것은 아니었습니다. 이들 영양소는 세포의 수명주기와 관련성이 없었기 때문에 예측가능성이 그만큼 높았습니다. 한편, PDR에서 모든 질병에 대해 당영양소의 사용을 추천하였지만, 당영양소는 절대적인 기준을 제시해주지 못한 유일한 영양소였습니다. 각 질병에 대해 당영양소의 사용량과 사용시기를 구체화할 수 있는 방법이 있었다면 이 자리에서 소개했을 것입니다. 하지만 아직은 각 상황과 개개인의 특성을 감안하여 정확히 어느 정도의 당영양소가 적합한지를 말할 수 있는 방법은 존재하지 않습니다.

 ## 이중맹검법이 과연 필요한 것일까요?

의사들은 약의 사용을 전제로 교육을 받습니다. 이러한 교육 프로그램에서는 의약품의 효능과 안전을 판단하기 위해 모든 질병에 대해 이중맹검법(double blind placebo control)을 사용합니다. 당영양소의 경우 모든 시험 대상에서 개선효과를 나타냈습니다. 당영양소는 약품이나 의약품이 아닙니다. 설사 당영양소가 약품이나 의약품으로 분류된다 하여도 질병을 치유하거나 치료하는 보조식품은 존재하지 않습니다. 그런데도 왜 당영양소는 모든 시험대상에서 개선효과를 나타내는 것일까요?

필자가 책이나 강의에서 항상 말하듯이 우리의 신체는 기적 그 자체입니다. 인체는 적절한 도구만 제공되면 스스로 치유하고 복원하며 외부의 공격으로부터 보호하거나 방어하는 기능을 발휘합니다. 문제는 우리의 신체가 원래 의도된 오염되지 않은 세계에 살고 있지 않다는 점입니다. 따라서 그러한 변화를 보상해주는 노력이 필요합니다. 만일 세포가 올바르게 기능한다면 우리는 건강해질 것입니다. 이것은 너무나 간단한 이치입니다. 당영양소는 세포가 원래 의도된 일을 할 수 있도록 해주는 도구인 것입니다. 세포의 구조와 기능을 보완하기 위해 당영양소가 필요하다는 점은 이미 과학적으로 확고한 기반이 구축된 사실입니다. 따라서 그것을 확인하기 위한 개별적인 연구는 시간 낭비일 뿐입니다. 의사들만이 이 사실을 모르고 있을 뿐입니다. 환자를 성공적으로 치료한 의사들은 자신이 환자에게 도움을 주기 위해 투여한 당영양소의 양과 사용 기간을 해당 질병의 표준으로 생각하는 우를 범합니다. 하지만 단언하거니와 어떤 의사도 필자만큼 당영양소에 대해 환자를 경험한 사람은 없을 것입니다. 따라서 일말의 주저함도 없이 특정 질병을 위한 당영양소 표준 사용법은 존재하지 않는다는 점을 분명히 말할 수 있습니다.

따라서 특별한 표준을 제시할 수 없으므로 가능한 단순화시켜 모든 사람을 모든 건강상황에 포함시킬 수 있게 3가지 포괄적 범주로 나누어서 당영양소의 사용방법을 제안하고자 합니다.

분류 1: 증상이 없기 때문에 스스로 건강하다고 믿는 사람
분류 2: 증상은 있지만 생명을 위협할 정도는 아니라고 믿는 사람
분류 3: 생명 유지를 위해 투병 중에 있는 사람

이러한 분류는 지나치게 단순화된 것이라고 비난받을 수 있습니다. 하지만 모든 질병에 대해 하나하나 고정된 처방을 필요로 하지는 않습니다. 앞서 언급한 것처럼 당영양소에 대한 표준 사용법을 수립할 수 없기 때문입니다. 하지만 질병이 아니라 건강 상태를 기준으로 적절한 사용 범위는

설정할 수는 있습니다. 한가지 건강 문제가 있을 때도 여러 인체 시스템이 스트레스를 받을 수 있듯이 여러 건강 문제가 있는 경우에도 유사한 요구를 지원하는 특정 메커니즘이 존재하는 것으로 보입니다.

뿐만 아니라 당영양소는 음식이지 약품이 아닙니다. 따라서 약품과 같은 방식의 처방은 적절하지 않습니다. <u>중요한 것은 모든 세포를 정상적으로 당화시켜 신체가 정상 생리 활동을 할 수 있게 도와야 합니다.</u> 건강 문제로 영향받은 인체 시스템에 있는 세포가 완전히 당화되기 전까지 우리의 신체는 원래의 기능을 제대로 수행하지 못하게 됩니다. 우리를 치유할 수 있는 것은 오직 자신뿐입니다.

제 1분류는 증상은 없지만 21세기를 살아가면서 필연적으로 경험하는 스트레스에 대항해야 하는 사람들을 말합니다. 분류 1에 해당되는 사람들은 매일 2회 0.67그램(1스푼)을 섭취하면 됩니다. 또한 처음 사용하는 경우 매일 2회 1.34그램(2스푼)으로 시작하는 것이 좋습니다. 그렇게 하면 세포가 완벽하게 당화될 수 있는 가능성이 최고로 됩니다. 증상이 있든 없든 인체 생리 시스템에 있는 모든 세포가 완벽한 당화에 이르기 위해서는 그 정도의 양은 필요합니다. 예상치 않은 스트레스가 있는 경우가 아니라면 매일 2회에 걸쳐 0.67그램을 섭취하면 됩니다. 여기서 말하는 예상치 않은 스트레스란 새로운 바이러스가 확산되고 있거나 자동차 사고 등으로 인한 심리적 스트레스나 충격이 있는 경우를 말합니다. 신체적, 정신적 스트레스는 면역기능을 약화시킨다는 것은 누구나 잘 아는 사실입니다.

제 2분류는 적어도 90일동안 매일 2회씩 최소 1.34그램(2스푼)을 섭취하는 것이 절대적으로 필요하며, 180일정도 섭취하면 더욱 좋습니다. 분류 2에 해당하는 사람을 위한 보다 나은 방법은 180일 동안 매일 5.6그램(8스푼)의 양을 4회로 나누어 1.34그램씩 섭취하는 것입니다. 그렇다면 왜 하루에 4회일까요? 적은 양을 주기적으로 나누어서 섭취하면 완전한 당화에 도달할 가능성이 그만큼 더 커지기 때문입니다. 우리가 매번 당영양소를 섭취할 때마다 각각 다른 세포가 당영양소를 얻게 됩니다. 세포 재생주기에 대해 기억하고 계십니까? 만일 우리 인체가 균형 상태에 도달하면 1일 2회 0.67그램 수준으로 사용량을 낮추는 것이 가능합니다. 하지만 어떤 사람의 경우 지속적으로 분류 2의 사용량을 유지하는 것이 좋을 수도 있습니다. 물론 사용량이 많아도 신체에는 아무런 해가 없습니다.

제 3분류에 해당되는 사람들은 당영양소로 얻을 수 있는 모든 혜택을 취해야 합니다. 따라서 적어도 90일, 가능하면 180일 동안 매일 16.08~24.12그램(12~18스푼)을 사용해야 합니다. 또는 신체가 건강균형을 이룰 때까지 꾸준히 사용할 것을 권합니다. 다시 한번 언급하지만 일일 사용량을 3~4차례, 더 나가 한시간 단위로 나누어 섭취하는 것이 좋습니다. 또한 분류 3에 해당하는 사람들의 경우 매일 100그램 정도 섭취해야 할 경우도 저는 보았습니다.

필자가 의사로서 현업에 종사하고 있다면 새로운 환자에게는 적어도 120일 동안 매일 2회 1.34그램을 권장할 것입니다. 그 이유는 우리가 진단하지 못하는 질병이 인체 내부에서 진행되고 있을 수 있기 때문입니다. 벤 프랭클린(Ben Franklin)이 말한 것처럼 치료보다 예방이 낫기 때문입니다. 21세기에서는 특히 한번의 예방 노력이 수천번의 치유 노력보다 더 절실하다고 생각합니다. 하지만 지금까지 말씀드린 것은 일반적인 가이드라인으로서 특정 개개인에게 엄격하게 적용되는 것은 아니라는 점을 다시 한번 말씀드립니다.

그럼 이제 효과가 나타나는 시간에 대해 말씀드리겠습니다. 어떤 경우든 72시간 이내에 변화가 이루어질 것이라고 기대하는 것은 무리입니다. 인체와 관련한 변화에 소요되는 평균 시간은 보통 7일 정도입니다. 따라서 위에서 추천한 양을 섭취하고 72시간 내에 변화를 확인하려는 노력은 대부분의 경우 수포로 돌아가게 됩니다.

분류 3에 속하는 심각한 질병의 경우 7일 주기로 1.34그램(2스푼)씩 사용량을 증가시키는 것이 바람직합니다. 뇌와 관련된 증상의 경우 7일 이내에 변화가 일어나지 않고 평균 14일 정도가 소요됩니다. 따라서 매 14일마다 1.34그램씩 사용량을 증가시켜 주십시오. 당영양소는 유해물질이 아니므로 필요한 경우 매일 100그램씩 섭취해도 문제가 전혀 없는 것으로 확인되었습니다.

당영양소의 섭취와 관련하여 마지막으로 드리고 싶은 말씀은 우리가 건강에 대해 어떻게 느끼든, 의사로부터 어떤 진단을 받았든간에 의사가 당신 건강은 너무나 완벽해라고 한다해도 당영양소의 섭취를 절대 중단해서는 안됩니다. 당영양소를 섭취를 결코 중단하지 마십시오. 그 이유는 현대인들이 필연적으로 겪는 스트레스가 매일같이 우리의 신체를 공격하고 있으며, 갈수록 심해지고 있기 때문입니다. 따라서 건강에 대해선 예방적으로 생각하는 것이 필수적입니다. 만일 우리의 신체로 하여금 원래 의도된 기능을 하도록 도와주지 않으면 우리 모두가 원하는 최적의 건강은 강건너 불이 되고 말 것입니다.

다시 한번 말씀드리지만 지금까지 소개한 정보는 일반적인 가이드라인으로 당영양소에 대해 교육받은 의사의 진료를 대신할 수는 없습니다. 반면 당영양소 과학이나 사용에 대해 교육 받지 못한 의사는 당영양소의 사용과 관련하여 처방을 내릴 수 있는 자격이 없습니다. 따라서 당영양소에 대해 교육 받지 않은 의사가 당영양소를 사용하지 말라고 하는 경우 그것은 설득력없는 공허한 주장입니다. 의사들이 가지고 있는 지식의 범위나 수준은 개개인의 차이가 매우 큽니다. 만일 당영양소에 대해 교육 받지 못한 의사에게 제품을 사용해야 하는지를 묻는다면 그것은 마치 배관공에게 지붕을 고쳐달라는 것과 마찬가지일 것입니다. 배관공과 지붕수리공은 모두 건설분야에 종사하지만 이들은 상이한 교육과 전문분야를 가지고 있기 때문입니다.

당영양소는 우리 인체에 있는 모든 세포에 필요하다는 점에서 매우 특별하며, 비록 의약품은 아니지만 당영양소가 없다면 우리의 신체는 원래 의도된 기능을 수행할 수 없게 됩니다. 현대인이 매일 경험하는 스트레스로부터 암에 이르기까지 당영양소가 가지고 있는 수많은 혜택이 다양한 매체를 통해 소개되고 있습니다.[58]

인체는 스스로 치유하는 능력이 있지만 그렇게 할 수 있는
도구가 있어야만 가능한 일입니다.

맺음말

- 20세기 초에는 탄수화물을 단순히 에너지를 제공하는 물질로 생각하였다.
- 21세기가 시작되면서 당영양소 형태의 필수 탄수화물이 세포의 구조 및 기능, 세포막, 신호전달 분자, 효소, 항체, 호르몬, 결합, 신호체계, 암세포 전이의 억제, 기타 생화학 시스템에 중요하다는 점을 이해하기 시작했다.
- 현대인의 식단에는 다른 영양소와 마찬가지로 당영양소가 심각하게 부족하다. 우리는 8가지 당영양소를 필요로 하지만 음식을 통해 보통 2가지만을 섭취할 뿐이다.
- 포도당이 다른 당영양소로 전환되는 과정이 모든 사람에게 효율적으로 일어나는 것은 아니다.
- 인간, 동물 및 세포 생물학 연구를 통해 당영양소의 가치가 확인되고 있다.

- 당영양소가 많은 종류의 선천성당화장애를 개선시키는 것으로 확인되었다.
- 비정상적인 당화와 관련된 많은 질병이 진단되지 않고 있다.
- 현존하는 모든 질병은 슈가 프린트(sugar print)를 통해 진단할 수 있게 될 것이다.
- 우리가 지금까지 배운 내용은 오직 빙산의 일각일 뿐이다.

 참고문헌

1. Rayman MP, Rayman MP. The argument for increasing selenium intake. *Proc Nutr Soc.* 2002; 61(2):203-215.

2. UNICEF and the Micronutrient Initiative. *Vitamin and Mineral Deficiency: A Global Progress Report.* March 24, 2004: www.unicef.org/media/files/vmd.pdf

3. Arthur JR, Nicol F, Beckett GJ. Selenium deficiency, thyroid hormone metabo- lism, and thyroid hormone deiodinases. *Am J Clin Nutr.* 1993; 57(2 Suppl):236S-239S.

4. Arthur JR. The role of selenium in thyroid hormone metabolism. *Can J Physiol Pharmacol.* 1991; 69(11):1648-1652.

5. Fletcher. *Modern Miracle Men.* Paper presented to the 74th Session of US Senate, June 5, 1936.

6. Bergner, Paul. *The Healing Power of Minerals, Special Nutrients and Trace Elements.* Prima Publishing, Rocklin, CA 1997.

7. Ramberg J, McAnalley B. From the farm to the kitchen table: A review of the nutrient losses in foods. *GlycoScience & Nutrition* 2002; 5(3):1-12.

8. NUTRACON: The Event for Nutraceuticals, Natural Products, Services & Sources. July 9 - 11, 2001, San Diego, California.

9. Mayer A-M. Historical changes in the mineral content of fruits and vegetables. *Brit Food J.* 1997; 96: 207-211.

10. Guynup S. Arctic life threatened by toxic chemicals, groups say. *National Geographic Today.* October 8, 2002.

11. Fukumoto GK, Kim YS, Oduda D, Ako H. Chemical composition and shear force requirement of loin eye muscle of young, forage-fed steers. *Research Extension Series,* 1995; 161:1-5.

12. Koizumi I, Suzuki Y, et al. Studies on the fatty acid composition of intramuscular lipids of cattle, pigs and birds. *J Nutr Sci Vitaminol (Tokyo),* 1991; 37(6):545-554.

13. Wood JD, Enser N., Factors influencing fatty acids in meat and the role of antiox- idants in improving meat quality. *Br J Nutr* 1997;78(Suppl 1):S49-S60.

14. Siscovick DS, Raghunathan TE, et al. Dietary intake and cell membrane levels of long-chain n-3 polyunsaturated fatty acids and the risk of primary cardiac arrest. *JAMA* 1995; 274(17):1363-1367.

15. Simopolous AP, Robinson J. *The Omega Diet*. Harper Collins; New York, 1999.

16. Rose DP, Connolly JM, et al. Influence of diets containing esapentaenoic or docasahexaenoic acid on growth and metastasis of breast cancer cells in nude mice. *J Natl Cancer Inst* 1995; 87(8):587-592.

17. Tisdale MJ. Wasting in cancer. *J Nutr* 1999; 129(1S Suppl):243S-246S.

18. Tashiro T, Yamamori H, et al. N-3 versus n-6 polyunsaturated fatty acids in criti- cal illness. *Nutrition* 1998; 14(6):551-553.

19. Russell JB, Diez-Gonzalez F, Jarvis GN. Potential effect of cattle diets on the trans- mission of pathogenic *Escherichia coli* to humans. *Microbes Infect* 2000; 2(1):45-53.

20. Wood JD, Enser M, Fisher AV, et al. Manipulating meat quality and composition. *Proc Nutr Soc* 1999; 58(2):363-370.

21. Mandell IB, Buchanan-Smith JP, Campbell CP. Effects of forage vs grain feeding on carcass characteristics, fatty acid composition, and beef quality in Limousincross steers when time on feed is controlled. *J Anim Sci* 1998; 76(10):2619-2630.

22. Stunkard AJ, Wadden TA. (Editors) *Obesity: Theory and Therapy,* Second Edition. Raven Press; New York, 1993.

23. National Institutes of Health. *Clinical guidelines on the identification, evaluation, and treatment of overweight and obesity in adults.* Department of Health and Human Services, National Institutes of Health, National Heart, Lung, and Blood Institute; Bethesda, Maryland, 1998.

24. Murray RK, Granner DK, Mayes PA, Rodwell VW. Harper's Biochemistry. Appleton & Lange; Stamford, Ct., 2000.

25. Classen B, Witthohn K, Blaschek W., Characterization of an arabinogalactan-pro- tein isolated from pressed juice of *Echinacea purpurea* by precipitation with the beta-glucosyl Yariv reagent. *Carbohydr Res* 2000; 327(4):497-504.

26. Zhang J, Wang G, Li H, et al. Antitumor polysaccharides from a Chinese mush- room, "yuhuangmo," the fruiting body of *Pleurotus citrinopileatus. Biosci Biotech Biochem* 1994; 58(7):1195-1201.

27. Banerjee PC, Ghosh AK, Sengupta S. Hemagglutinating activity in extracts of mycelia from submerged mushroom cultures. *Appl Environ Microbiol* 1982; 44(4):1009-1011.

28. Jennemann R, Geyer R, Sandhoff R, et al. Glycoinositol phosphosphingolipids (basidiolipids) of higher mushrooms. *Eur J Biochem*. 2001; 268(5):1190-1205.

29. Jennemann R, Bauer BL Bertalanffy H, et al. Novel glycoinositolphosphosphin- golipids, basidiolipids, from *Agaricus*. *Eur. J. Biochem*. 1999; 259, 331-338.

30. Hirazumi A, Furusawa E. An immunomodulatory polysaccharide-rich substance from the fruit juice of *Morinda citrifolia* (Noni) with antitumour activity. *Phytother Res*. 1999; 13(5):380-387.

31. Furusawa E, Hirazumi A, Story S, Jensen J. Antitumour potential of a polysaccha- ride-rich substance from the fruit *juice of Morinda citrifolia* (Noni) on sarcoma 180 ascites tumour in mice. *Phytother Res*. 2003; 17(10):1158-1164.

32. Shils ME. *Modern Nutrition in Health and Disease, 8th Edition*. Lea & Febiger; Philadelphia, Pa., 1994.

33. Ramberg J, McAnalley BH. Is saccharide supplementation necessary? *GlycoScience & Nutrition*. 2002;3 (3):1-9.

34. Cao G, Good SL, Sadowski JA, Prior RL. Increases in human plasma antioxidant capacity after consumption of controlled diets high in fruit and vegetables. Am J Clin Nutr. 1998; 68:1081-1087.

35. Freeze HH. Disorders in protein glycosylation and potential therapy: Tip of an iceberg? *J Pediatrics*. 1998; 133(5):593-600.

36. Martin A, Rambal C, Berger V, et al. Availability of specific sugars for glycocon- jugate biosynthesis: A need for further investigations in man. *Biochimie*. 1998; 80(1):75-86.

37. Alton G, Hasilik M, Niehues R. Direct utilization of mannose for mammalian gly- coprotein biosynthesis. *Glycobiology*. 1998; 8:285-295.

38. Axford JS. Glycosylation and rheumatic disease. *Proceedings of the Royal Society of Medicine's 5th Jenner Symposium (Glycobiology and Medicine conference)*, July 10-11, 2000.

39. Axford J. Glycobiology & Medicine A Millennial Review. *GlycoScience & Nutrition* 2001; 2 (7).

40. Online Mendelian Inheritance in Man, OMIM™. McKusick-Nathans Institute for Genetic Medicine, Johns Hopkins University (Baltimore, MD) and National Center for Biotechnology Information, National Library of Medicine (Bethesda, MD), 2000: http://www.ncbi.nlm.nih.gov/omim/.

41. Lefkowitz DL. Glyconutritionals: implications in asthma. *GlycoScience & Nutrition*. 2000; 1 (15):1-4.

42. Gardiner T. Dietary fucose: absorption, distribution, metabolism, excretion (ADME) and biological activity. GlycoScience & Nutrition. 2000; 1(6):1-4.

43. Gardiner T. Dietary N-acetylneuraminic acid (NANA): absorption, distribution, metabolism, excretion (ADME) and biological activity. GlycoScience & Nutrition. 2000; 1(10):1-3.

44. Lefkowitz SS. Glyconutritionals: implications for cancer. *GlycoScience & Nutrition*. 2000; 1 (14):1-3.

45. Lefkowitz DL. Glyconutritionals: implications in inflammation. *GlycoScience & Nutrition*. 2000; 1(17):1-4.

46. Gauntt CJ, McAnalley BH, McDaniel HR. Glyconutritonals: implications for recovery from viral infections. *GlycoScience & Nutrition*. 2001; 2(2):1-6.

47. Friedman MJ. Control of malaria virulence by alpha 1-acid glycoprotein (oroso- mucoid), an acute-phase (inflammatory) reactant. *Proc Natl Acad Sci USA*. 1983;80 (17):5421-5424.

48. Barragan A. A Spoonful of Sugar to Combat Malaria? SCOPE Forum, Washington University, December 14, 1999.http://scope.educ.washing- ton.edu/malaria/update/show.php?author=Barragan&date=1999-12-14.

49. Dykman KD, Ford CR, Tone CM. The effects of dietary supplements on lupus: a retrospective survey. Proc Fisher Inst Med Res. 1997; 1:26-30.

50. Dykman KD, Ford CR, Horn E. Gardiner T. Effects of long-term nutritional sup- plementation on functionality in patients diagnosed with fibromyalgia and chronic fatigue syndrome. Poster Presentation at the American Association of Chronic Fatigue Syndrome 5th International Conference, January 26-29, 2001.

51. Dykman KD, Gardiner T, Ford CR, Horn E. The effects of long-term supplemen- tation on the functionality and use of non-drug therapies in patients diagnosed with fibromyalgia and chronic fatigue syndrome. PosterPpresentation at the Experimental Biology Annual Meeting, March 31-April 4, 2001.

52. Hyland G, Miller D. A pilot survey: standard cancer therapy combined with nutraceutical dietary supplementation improves treatment responses and patient quality of life. Oral Presentation: Comprehensive Cancer Care II: Integrating Complementary & Alternative Therapies. Crystal City, Arlington, VA; June, 1999.

53. Hall J, Boyd S. Case report: improved tolerance of cancer therapy in a patient taking glyconutritional supplementation. *GlycoScience & Nutrition*. 2002; 3(2):1-4.

54. Ramberg J. How soon should I expect to experience the effects of dietary sup- plements? *GlycoScience & Nutrition*. 2001; 2(1):1-2.

55. Barhoumi R, Burghardt RG, Busbee DL, et al. Enhancement of glutathione levels and protection from chemically initiated glutathione depletion in rat liver cells by glyconutritionals. *Proc Fisher Inst Med Res*. 197; 1(1):12-16.

56. Busbee D, Barhoumi R, Burghardt RC, et al. Protection from glutathione deple- tion by a glyconutritional mixture of saccharides. *Age*. 1999; 22(4):159-165.

57. Gardiner T. Pharmacokinetics and safety of glyconutritional sugars for use as dietary supplements. 2004; 5(2):1-6.

58. Gardiner T, McAnalley BH, Vennum EP. Glyconutritionals: consolidated review of potential benefits from the

scientific literature. *GlycoScience & Nutrition*. 2001;2(15):1-17.

59. Christian J. Charts: Nutrient changes in vegetables and fruits, 1951 to 1999.
    CTVca.http://www.ctv.ca/servlet/ArticleNews/story/CTVNews/20020705/favaro_nu
    trients_chart_020705/Health/story

60. Nugent, S: How To Survive On A Toxic Planet 2nd Edition 2004, Alethia Publishing

그외 참고문헌

1. Davidson MH, Hunninghake D, et al. Comparison of the effects of lean red meat vs lean white meat on
   serum lipid levels among free-living persons with hyper cholesterolemia: a long-term, randomized clinical
   trial. *Arch Intern Med* 1999; 159(12):1331-1338.

2. French P, Stanton C, Lawless F, et al. Fatty acid composition, including conjugat ed linoleic acid, of
   intramuscular fat from steers offered grazed grass, grass silage, or concentrate-based diets. *J Anim Sci*
   2000; 78(11):2849-2855.

3. Duckett SK, Wagner DG, et al. Effects of time on feed on beef nutrient compo- sition. *J Anim Sci* 1993; 71(8):
   2079-88.

4. Lopez-Bote CJ, Sanz Arias R, Rey AI, et al. Effect of free-range feeding on omega-3 fatty acids and
   alpha-tocopherol content and oxidative stability of eggs. *An Feed Sci Technol* 1998; 72: 33-40.

5. Dolecek TA, Grandits G. Dietary polyunsaturated Ffty acids and mortality in the multiple risk factor
   intervention trial (MRFIT). *World Rev Nutr Diet* 1991; 66:205-216.

6. Dhiman TR, Anand GR, et al. Conjugated linoleic acid content of milk from cows fed different diets. *J Dairy
   Sci* 1999; 82(10):2146-2156.

7. Ip C, Scimeca JA, et al. Conjugated linoleic acid. A powerful anti-carcinogen from animal fat sources.
   Cancer 1994; 74(3 suppl):1050-1054.